U0090205

臺灣歷史與文化 研究輯刊

十 五 編

第 12 冊

宜蘭頭城台語語音語彙之調查研究（上）

李 柏 桐 著

花木蘭文化事業有限公司

國家圖書館出版品預行編目資料

宜蘭頭城台語語音語彙之調查研究（上）／李柏桐 著—初版
— 新北市：花木蘭文化事業有限公司，2019〔民 108〕
序 2+ 目 4+192 面；19×26 公分
（臺灣歷史與文化研究輯刊十五編；第 12 冊）
ISBN 978-986-485-614-5（精裝）
1. 臺語 2. 語音 3. 語彙
733.08   108000395

ISBN-978-986-485-614-5

9 789864 856145

臺灣歷史與文化研究輯刊
十五編　第十二冊　　　　　　　　ISBN：978-986-485-614-5

宜蘭頭城台語語音語彙之調查研究（上）

作　　者　李柏桐
總 編 輯　杜潔祥
副總編輯　楊嘉樂
編　　輯　許郁翎、王筑　美術編輯　陳逸婷
出　　版　花木蘭文化事業有限公司
發 行 人　高小娟
聯絡地址　235 新北市中和區中安街七二號十三樓
　　　　　電話：02-2923-1455／傳真：02-2923-1452
網　　址　http://www.huamulan.tw 信箱 hml 810518@gmail.com
印　　刷　普羅文化出版廣告事業
初　　版　2019 年 3 月
全書字數　342116 字
定　　價　十五編 25 冊（精裝）台幣 60,000 元

版權所有·請勿翻印

宜蘭頭城台語語音語彙之調查研究（上）

李柏桐　著

作者簡介

李柏桐，1954 年生於宜蘭市，現居於台北內湖。

1977 年畢業於中興大學，從事國際貿易二十年；由於強烈地想了解自己的語言文化，遂踏入台語研究，2006 年 9 月，進入台師大台灣文化及語言文學研究所在職專班研讀，2009 年年底完成碩論《宜蘭頭城台語語音語會之調查研究》並順利取得碩士學位；也通過教育部測驗，取得台語專業級資格。

2018 年八月，經許澤耀老師介紹，高小娟董事長鼓勵，並由指導教授張屏生老師推薦。於是，重新整理碩論，修訂增刪內容，使其顯現更妥適的語言調查記錄，期能為留存自吳沙開蘭，兩百餘年來的頭城語音，盡一點棉力。

提　　要

台灣閩南語〔註1〕在位於台灣東北部的蘭陽平原，有著 95% 純漳腔〔註2〕。頭城是開蘭第一城，自 1796 年吳沙帶領以漳州腔為主的移民定居至今，已逾 200 年，歷史悠久，因而其語音是否已有轉變？產生何種轉變？本文以直接到頭城做田野調查的方式加以探究。筆者於 2008 年暑假起，至 2009 年五月止，特別針對頭城做田野調查紀錄，留下足資參閱比較的語音和詞彙的資料；並特別探究語音 -iŋ（-ik）、ioŋ（-iɔk）和 iaŋ（-iak）六種韻母的使用狀況、uĩ 韻的存活現況以及「省」的在地語音 [sẽ⁵¹]，有否被 [siŋ⁵¹] 取代的情形。同時，針對老中二代做語音、語彙的記錄，進行共時性（synchronic）的分析比較，以了解由於音變所產生的「詞彙擴散」（lexical diffusion）現象和「音變的方向」。更進一步，與 1980 年藍清漢《中國語宜蘭方言語彙集》以及 2008 年張屏生《宜蘭閩南話語彙稿》做異時性〔註3〕（diachronic）的比對，從中查看頭城腔台語的語音、語彙與上述兩部文本的調查記錄有哪些不同？並藉此研究，期待能提供在同一縣境，不同城市的異時性的語言變遷的資訊，做為他日擴大宜蘭地區台語次方言語音、語彙的田調研究之參考，並期能成為頭城當地乃至蘭陽地區，本土語言教育工作者可參考的、實際的台語語音、語彙的珍貴材料。

註 1　台灣閩南語自 20 世紀以來，皆簡稱台語，連雅堂（1999：30）。本文仍簡稱台灣閩南語為台語，另外，因為其詞彙包含有「有音無字」的情形，和閩南語有一些差異。

註 2　洪惟仁（1999：109）。

註 3　本文不用歷時性的譯名，因為 1980 年的藍本、1996 年和 2004 年的羅東音雖然和目前調查的頭城音同在宜蘭，卻在不同的地理位置和環境，無法在同一城市做歷時性的比較，故，採用異時性這個譯名，參閱廖炳惠（2007：78）

古月依然今塵照　今風難得古音傳

由「拍爽」說起（代序）

　　閩南話的 /phah-sńg/ 有「浪費、蹧蹋、可惜……」等意思，在教育部所編的《臺灣閩南語常用詞辭典》選用的漢字是「拍損」。當時我曾提出反對的意見，理由是我調查的宜蘭腔唸 /pʰa₅₁ sŋ⁵¹/〔註1〕，如果是「損」應該唸 /pʰa₅₁ suĩ⁵¹/，而且客家話也叫「打爽」ta³¹ soŋ³¹，不是 /ta³¹ sun³¹/，最後表決是以「拍損」佔多數，這些多數意見是從「社會大眾接受的角度」來思考；但是想要知道某個方言詞彙正確的書面形式，是目前推行本土語言教育者很急切的願望，從事辭書編纂的工作者要盡可能的去滿足需求者的期待。「拍損」這個決定對我來說還存在「事實是如此，但不應該是如此」的遺憾。所以透過宜蘭腔所提供的語音形式，讓我更確切的認定「拍爽」的正確漢字形式。

　　2008年9月，我到臺灣師範大學臺灣文化及語言研究所兼任，選課的學生大半是小學鄉土語文支援教師，對於閩南話和客家話都有相當程度的底蘊。我認為「老師要像一把銳利的刀，而學生要像磨刀石，這樣才能越磨越利」，與其面對那些「面容呆滯，眼神憂鬱而迷失」的學生，還不如教授這些「眼光中透顯出求知渴望，對上課老師磨刀霍霍」的學生，我恨不得用灌頂的方式，把自己學會的知能讓他們通盤瞭解。或許是我把過去田野調查的經驗講得太生動，讓其中具有「文化使命感」的學生選擇去做勤苦的田野踏查勞動。方言調查有許多不同的方式，其中傳統方言學的調查是所有調查方式中最困難的，因為調查者本身要懂得各種方方面面的事物，才有辦法調查到

〔註1〕 我所調查的大陸漳州腔也是叫「拍爽」pʰa₅₁ sŋ⁵¹。陳正統（2007）《閩南話漳腔辭典》（頁437）收了「拍損」pah4 sng2。但是「損」在漳州腔應該唸 suĩ⁵¹，不唸 sŋ⁵¹。

精緻的語料。如果沒有親自做過有系統的調查工作，方言的比較就會缺乏一種穩固的基礎。在研究上，就只能間接的、被動的引用別人調查的判斷，而無法拓展新的研究領域。只有搜集新的語料，才能打開眼界，提高認識；只有親自調查，領略其中甘苦，才能更能理解並運用別人的調查成果。

柏桐兄本身是宜蘭人，宜蘭腔那種特殊的腔調在臺灣閩南話中獨樹一格，基於對本土語言存續的執著，他選擇宜蘭縣頭城鎮的閩南話做為他研究的主要內容。經過 2 年的努力，柏桐兄終於把碩士論文完成。論文透過實際的田野調查整理，全面描述了頭城當地的語音現況，並突出頭城閩南話把《彙集雅俗通》「經」韻、「姜」韻和「恭」韻合併唸城 iŋ/ik 韻的特點。另外也收集了大量的生活語彙，這些材料可以做為編纂頭城當地鄉土語言材料的重要參考。從事方言調查不僅止於語言學的專業訓練而已，人際關係的掌握、環境的適應、身體的疲累，都是必須克服的。在調查過程中還得經常忍受別人不經意或刻意的輕蔑和侮弄，這些舉動常會讓人感到難堪和懊惱而失去繼續打拼的信心和勇氣。雖然在調查之前都已經做好思想準備——「不要求、也不期待每個發音人都會像土地公一樣的有求必應」，但是在實際的碰觸過程中，遭逢那些不友善的對待態度仍然會產生畏難的心緒。從本書〈附錄四：頭城田調紀行〉所述，柏桐兄都能從容化解，樂在其中；這得歸功於「他為人正善和說話親切誠摯的處事態度」，但更中肯的解釋應該是「頭城人『與人為善』那種潛在優質的自覺所生發的結果」。

語言瞬息萬變，調查本身就已經是貢獻了。本書的完成，代表柏桐兄對臺灣閩南話的一份心力。現在的學生有不少是「急功近利，輕蔑學術器識的養成，甚至完成階段性目標之後，就和老師老死不相往來，遑論繼續做學術研究」，相較之下，我和柏桐兄的師生情緣更值得珍惜。

2018 年 8 月　張屏生謹誌於屏東駑馬齋

致謝辭

　　2009 年 12 月 18 日是個難忘的日子，因為論文口考終於通過了。從一次次到頭城找尋、拜訪、解釋、說服素昧平生的發音合作人，錄音、記錄語料，隨著看到登錄的語彙集越來越厚，心情也跟著越興奮起來。在找尋發音人的過程中，有時困難重重，有時得來全不費工夫。其間，有賴多位頭城鎮的里長，熱心參與或介紹人選，雖有失敗的例子，卻是瑕不掩瑜，語料的收集終於成真、成冊。語音語料的建立，特別感謝所有發音合作人撥冗的時間和保留語音的熱誠。其中，語料的主要發音人黃正來里長、黃松林老師、邱寅次里長、沈春生先生、薛榮燦里長、簡朝松先生以及常請教核對發音的陳文琛先生，更是貢獻良多。

　　在論文寫作的期間，由衷的感謝指導教授張屏生博士。屏生老師在不同的階段，不時提示論文的研究方向、重點、方法和正確的論述，並佐予相關書籍、檔案；參考源源不斷，讓寫作資料不虞匱乏，指導循序漸進，使智識依次提升。在此其間，不僅僅是寫論文，更是在學習本科最專門、最深入的時刻，直覺自己的語言學學識的不足和功力漸次的增進，也深深體認到碩士學位的深層意義，這過程的重要性，令我終生難忘。起初，在記音的標記法，就教於老師，很幸運的得到清晰簡要的標記方式和觀念，使頭城腔的陰入和陽入調的標記得以明確化，讓標記在本文更能清楚的表現出頭城腔的語音，也使田調語音的登錄事半功倍；記錄後老師建議用三種語料的比較，也讓本論文更有價值、更有可讀性，凸顯更高的貢獻度。諸如此類，辛苦後的成就感和光榮感也不覺地提升許多了。

　　在台師大台文研究所三年半中，其他老師的教學和治學的方法與精神，

也深深的烙印在我心中。尤其是姚榮松老師、李勤岸老師、林芳玫老師、林淑慧老師、陳龍廷老師，對於我在寫論文時的助益是無時不在的；語言學的知識、研究方法的思考和理論運用，從讀書不求甚解到分析歸納、引用理論的方法，也深受他們的影響。其中，林芳玫老師更在 2008 年初，曾指導我寫平生第一篇論文：《陳明文台語文本的「印刷語言」與「想像的共同體」的關聯性》，並成功參與眞理大學語文學院主辦的第五屆台灣文學與語言國際學術研討會。讓我體會到在學術殿堂論述的經驗，其感受刻骨銘心，難以或忘！另外，同爲在職班學生的母語教師，洪振春老師、許澤耀老師的協助、切磋與支持的友誼，使研究所的學習路程，走的不孤單、也充實。同時，在此將近 56 歲的生日前，很高興能以此論文，獻給陪我走過這段人生的我摯愛的家人，並做爲自己的生日禮物。

目

次

第一章 緒 論

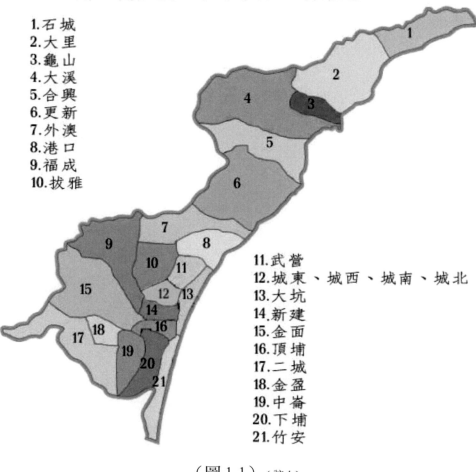

頭城鎮行政區域圖

1.石 城
2.大 里
3.龜 山
4.大 溪
5.合 興
6.更 新
7.外 澳
8.港 口
9.福 成
10.拔 雅

11.武 營
12.城東、城西、城南、城北
13.大 坑
14.新 建
15.金 面
16.頂 埔
17.二 城
18.金 盈
19.中 崙
20.下 埔
21.竹 安

（圖 1-1）〔註1〕

〔註 1〕 資料來源：頭城鎮公所
　　　　http://toucheng.e-land.gov.tw/releaseRedirect.do?unitID=154&pageID=4667.

第一節 宜蘭頭城的語言環境和自然地理概況

一、地理概況、歷史沿革和人口的變遷

（一）地理概況——頭城鎮的地理位置

頭城鎮位於宜蘭縣最北端，東經 121.44 度、北緯 24.53 度，北鄰台北縣貢寮鄉、西接台北縣雙溪鄉、南為礁溪鄉和壯圍鄉、東濱太平洋，總面積約為 95.78 平方公里；頭城鎮地形以山地為主，山地部份佔境內面積約有 60%，其餘部份為平原、盆地地區，是宜蘭縣最早開發的地方，整體發展較為其他地區早，更是全台擁有最多鐵路車站的鄉鎮。

（二）歷史沿革——頭城的歷史發展〔註2〕

頭城古稱頭圍，位於蘭陽平原的北端，是進入宜蘭的重要通道，西元 1796年（清嘉慶元年），吳沙率漳、泉、粵三籍流民千餘人，鄉勇二百餘人，進入蛤仔難的烏石港，以此地為第一個根據地，初名「頭城」，後來名為頭圍，今名復為頭城。蛤仔難於西元 1810 年（清嘉慶 15 年）改稱噶瑪蘭。根據文獻記載，噶瑪蘭以吳沙當時開墾所形成結、圍等聚落單位實施行政管理，道光 3 年（西元 1823 年）呂志恆通判將噶瑪蘭廳劃分為七堡，頭城地區為第一堡『頭圍堡』，道光 15 年（西元 1875 年）將噶瑪蘭廳改為宜蘭郡；日治時代西元 1920 年，台灣總督府修改地方制度，將全台行政區域，將原來的頭圍堡重新劃定為『頭圍庄』，1945 年第二次世界大戰台灣光復後，將宜蘭郡改設立屬台北縣下的宜蘭區、頭圍庄改為頭圍鄉，1946 年改名為頭城鄉，1948 年升格為頭城鎮至今。

（三）人口的變遷

起初，

> 嘉慶元年（1795 年），吳沙與友人「番割」許天送、朱合、洪謀商議開墾噶瑪蘭，……，募集漳、泉、粵三屬流民千餘人、鄉勇二百餘人、善番語者二十三人……。於是，吳沙率眾再度入墾頭圍，設置隘寮，防止私墾，這個漢人建立的第一個據點，就是頭圍，……。
>
> 〔註3〕

〔註2〕 資料來源：頭城鎮鎮志
　　　　http://county.nioerar.edu.tw/books.php?pathway=view&borrowno=f0042392.
〔註3〕 花松村（1996：265-266）。

此時，漳人佔移民人數的十分之九，泉、粵兩籍只佔十之一；而當
三籍漢人依照祖籍比率分地時，漳人人數最多，分得頭圍至辛仔罕
附近之地；泉人不及百人，分得二圍菜園之地；粵人更少，未分地，
只能擔任民壯鄉勇，漳人供其衣食。〔註4〕

到日治時代，大正時期的 1920 年代末期，頭圍庄人口屬漳州府者 16,800 人
（98.2%），屬泉州府者 100 人（0.6%），屬廣東省者 100 人（0.6%），其他 100
人（0.6%），合計 17100 人。〔註5〕

到國府時代的 1969 年，農業人口達到有史以來最高點的 23,220 人，佔總人口
的 72%。〔註6〕由此推算可知當時（民國 58 年）人口約 32,250 人。

到今年（2009 年），將近 40 年，頭城鎮 24 里人口不增反減，只有 31,100 人。
〔註7〕可見，頭城人口由於經濟因素，有外流的現象產生。

表1-1：頭城鎮人口統計表〔註8〕（2009 年 7 月頭城鎮總人口數有約 31,100
人）

鄉鎮市	村里數	鄰數	戶數	本月底人口數			異動情形				結婚	離婚	原住民人口數				
													合計	平原		山地	
				合計	男	女	遷入	遷出	出生	死亡				男	女	男	女
頭城鎮	24	262	9,499	31,108	16,129	14,979	124	97	15	16	8	7	189	67	63	18	41

表1-2：歷代頭城人口數比較表

年代	1795	1920	1969	2009
約略人數	1,300	17,100	32,250	31,100

2. 頭城市區是 24 里中人口最集中、文教匯集的地區，主要有城東里、城
西里、城南里、城北里四里：

〔註4〕　龔宜君（2001：33-34）。
〔註5〕　同上（2001：41）表 2-10。
〔註6〕　資料來源：頭城鎮鎮志，頁 317。
〔註7〕　資料來源：宜蘭縣政府民政局 http://hrs.e-land.gov.tw/default.asp?Sysno=H_09.
〔註8〕　資料來源：節錄自「宜蘭縣民政局戶政資訊網」
　　　　http://hrs.e-land.gov.tw/default.asp?Sysno=H_09.

（圖 1-2）〔註9〕

二、頭城鎮的行政沿革 〔註10〕

（一）清領時期

嘉慶十七年，增設噶瑪蘭廳，頭城隸屬之，原名「頭城」改為「頭圍」，扼台灣西部與噶瑪蘭廳間的交通咽喉。

同治十三年，巡撫沈葆楨來台。第二年，光緒元年（1875）增設台北府，改噶瑪蘭廳為宜蘭縣，隸屬台北府。宜蘭轄下共有十二堡，頭圍堡為其中之一。

〔註9〕　資料來源：頭城鎮公所
　　　　　http://toucheng.e-land.gov.tw/releaseRedirect.do?unitID=154&pageID=4667.
〔註10〕　資料來源：頭城鎮鎮志（2002：50-54）。

（二）日治時期

自明治二十八年（1895）以迄昭和二十年（1945）的日治時期，台灣的行政區劃凡九變。

1. 三縣一廳時期

明治二十八年六月，全台設台北、台南、台灣三縣及澎湖島廳，頭城隸屬台北縣宜蘭支廳。

2. 一縣二民政支部一廳時期

明治二十八年七月，日人改行軍政，除台北縣、澎湖廳之外，另設台灣、台南二民政支部，頭城仍隸屬台北縣宜蘭支廳。

3. 三縣一廳時期

明治二十九年（1896）回復實施民政，歸原來三縣一廳時期，頭城仍隸屬台北縣宜蘭支廳。

4. 六縣三廳時期

明治三十年（1897）五月，改全台為六縣三廳，宜蘭支廳升格為廳，頭圍屬之。

5. 三縣三廳時期

明治三十一年（1898）二月，改全台為三縣三廳，頭圍屬宜蘭廳。

6. 二十廳時期

明治三十四年（1901）十一月，台灣總督府為採行集權制度，改全台為二十廳，頭圍改為頭圍支廳，屬宜蘭廳。

7. 十二廳時期

明治四十二年（1909），台灣總督府因地方漸安定，改全台為十二廳，廳下仍設支廳，頭圍支廳仍屬宜蘭廳。

8. 五州二廳時期

大正九年（1920），首任文官總督田健治郎履任，致力制定「地方自治」制度，改全台五州二廳，頭圍隸屬宜蘭郡，是宜蘭郡頭圍庄。

9. 五州三廳時期

大正十五年（1926），澎湖升格為廳，頭圍庄仍然不變，隸屬宜蘭郡直到光復。

（三）光復以後

1. 隸屬台北縣時期

民國三十四年（1949）宜蘭郡改爲宜蘭區，頭圍行政規畫爲台北縣宜蘭區頭圍鄉。三十五年九月易名爲頭城鄉，三十七年元月一日，升格爲頭城鎮。

2. 隸屬宜蘭縣時期

民國三十九年（1950）八月行政院調整行政區劃分，分台北縣爲台北、宜蘭二縣，頭城鎮隸屬宜蘭縣，迄今未再更動。

表 1-2：頭城行政沿革簡表

	時　　期	年　代	西 元	隸　　屬	備　註
清領時期	一府四縣三廳時期	嘉慶十七年	1812	噶瑪蘭廳	頭圍堡轄區遠較今日爲大，包括礁溪、壯圍一帶
	二府八縣四廳時期	光緒元年	1875	台北府 宜蘭縣	
	直隸州時期時期	光緒十三年	1887	台北府 宜蘭縣	
日治時期	三縣一廳時期	明治二十八年六月	1895	台北縣 宜蘭支廳	
	一縣二民政支部一廳時期	明治二十八年七月	1895	台北縣 宜蘭支廳	
	三縣一廳時期	明治二十九年	1896	台北縣 宜蘭支廳	
	六縣三廳時期	明治三十年	1897	台北縣 宜蘭廳	
	三縣三廳時期	明治三十一年	1898	台北縣 宜蘭廳	
	二十廳時期	明治三十四年	1901	宜蘭廳 頭圍支廳	
	十七廳時期	明治四十二年	1909	宜蘭廳 頭圍支廳	
	五州二廳時期	大正九年	1920	宜蘭郡 頭圍庄	
	五州三廳時期	大正十五年	1926	宜蘭郡 頭圍庄	

民國時期	隸屬台北縣時期	民國三十四年	1945	宜蘭區頭圍鄉	1946 年易名爲「頭城鄉」，1948 年升格爲「頭城鎮」
	隸屬宜蘭縣時期	民國三十九年	1950	宜蘭縣頭城鎮	

三、語言環境之今昔狀況

（一）昔日狀況

1. 清領時期——閩南漳州話爲主要語言

嘉慶初年（1796），吳沙開發時期的人口主要以漳州人多，漳泉粵之比，十人中漳人居其九，泉粵人只佔其一，可見漳州話應該是當時的主要語言溝通工具。另外，根據可得的在地發音合作人的祖籍統計，隸屬福建漳州府者平和 7人、南靖 4 人、詔安 3 人、海澄 3 人、漳浦赤湖 1 人，隸屬泉州府者有金浦 1人。漳州人：泉州人等於 18：1。漳州人所占爲絕大多數，應是所言不虛。

頭城鎮在清代時期文風鼎盛，取得科舉功名者不在少數〔註 11〕，舉人有李望洋、李春華；貢生有王雨苗；生員有林炯南、蔡王九、蔡王章、陳順水、陳贊堯、陳書、黃務三、康懋華、蕭維翰、鄭騰輝等人。坊間設有私辦的書房、義塾，以閩南語教授漢學。由此亦可推知，當時的語音應該是以所謂「漳州音」教授漢學。「漢學仔」在日治時期公學校建立後才受到嚴厲的打壓，藉由宗教寺廟場所或轉爲地下傳授，無法正常講學。

2. 日治時期——學校講日語，民間講台語

1898 年（明治三十一年）頭圍公學校成立，開始殖民地的新式教育，進行漸進式的日語教育；同時設有「國語傳習所」和「簡易國語傳習所」，對社會人士實施國語-日語教育。當時，從清代時期來台剛滿百年的移民，已落地生根，民間仍然使用由原鄉傳來的「漳州話」，再加上平埔族的話和由日語轉來的現代詞彙，又由於講閩南話在民間佔多數，於是，蛻變形成所謂的「台語」〔註 12〕。

3. 光復時期到解嚴初期——學校講國語，民間講台語

行政長官公署民國三十五年七月代電：各中小學教師授課，應一律使用國語（含方言）講授，不准再用日本語。

〔註11〕資料來源：頭城鎮鎮志（2002：68）。
〔註12〕連雅堂，〈自序〉，《台灣語典》，頁 30。

由於所有事務的交涉都使用北京話，光復後三年間，每個機關都開辦有「國語補習班」，尤其是鐵路每站都設有「國語補習班」，訓練站務人員要會講「國語」-北京話-成為強勢的官方語言。〔註13〕

具有社會教育意義的電視媒體，在 1970 年代初期，台語節目還有 20%以上；到 1972 年，三電視台地台語節目，已被降為 20%以下，更由於 1976 年通過「廣電法」，方言節目更持續下降，到了 1992 年更降至個位數。〔註14〕台語新語言環境的艱難可見一斑。

（二）今日狀況

華語仍然是絕對強勢語言，雖然每周只有一節課，本土語言也已進入國小校園講授；然而，頭城的國中、高中，並無台語的語言課程。由於長期的受到忽視，台語在年輕一代，使用的語彙、語音已逐漸失去，其特色也產生質變，頭城鎮也不例外。

雖然，學校標榜雙語（華、英）教育，學生畢業後大都卻是成為只會華語的單語族，尤有甚者，連華語也表達不清楚，更遑論英語了。而母語也無法流利、清楚的理解和表達。語言-包含華語和台語，只會日常生活的表達，無法清晰、深刻的運用於任何事務。 洪惟仁認為：

> 長期這樣「多語切換」（code switching）會破壞兩種語言的表達能力，
> 對語言的修練是非常不好。〔註15〕

在老年層仍然會使用世代流傳的語彙和語音，中年層則上承父母語音語彙，仍然會使用流利的台語。由於，交通的便利、電視和電台傳媒的興盛、華語文的普及、教育的普及，在在促使台語處於劣勢的一方。政府雖未禁講台語，幼年和青少年一代的交流已經自行以華語為主要溝通語言，年輕的少婦也用不是道地的華語教導幼兒，乃至於有筆者的發音合作人，在家裡也用華語和小學的兒孫輩交談。

以頭城鎮為例，筆者到頭城作訪談達三十多次所觀察到的情形與理解，在賣場、加油站、便利商店、餐廳、小吃店、車站等等，已很難聽到年輕一代講台語的聲音，雖然他們有可能也會講、會聽。可見當今台語語言環境的複雜性和艱困度，不是以往所能相比擬的。

〔註13〕資料來源：頭城鎮鎮志（2002：288-289）。
〔註14〕黃宣範（2004：369-370）。
〔註15〕洪惟仁（1994：21）。

第二節　研究動機與目的

一、研究動機

語言學家史迪芬・平克針對「失去語言的危機」講：

> 語言透過孩子而不朽，當語言學家看到一個語言只有大人在用時，
> 他知道這個語言已經去日無多了。〔註16〕

在台灣的台語族群，雖人數佔有 75%，由於華語的強勢散佈，在近三十幾年來語言優勢急速消退，年輕世代已漸漸失去說的能力，有鑑於此，研究家鄉的語言，建立語詞、語彙，留下語音文件，變成語言研究者，刻不容緩應該去做的任務。

台灣閩南語直接源於福建的廈門話，泉州話和漳州話。（周長楫，2001：9）而移傳到宜蘭的主要是清代隨著吳沙到舊稱「蛤仔難」開墾的第一代移民。他們主要是 90%漳州人及 10%的泉州人和客家人（藍清漢，1980）。頭城是開蘭第一城，最早移入宜蘭的語音，應該就是在這裡。要探究具有 95%漳州音的宜蘭腔，理應從頭城開始。

關於宜蘭腔台語的研究，為數不多，雖然前人文獻珍貴，卻沒有專為頭城所做的調查，更無宜蘭人參與語言的直接調查。每次看到相關文獻，總會看到與自己所了解不同的語言現象。因此，引發筆者好奇心，希望以本鄉人的立場，到開蘭第一城──「頭城」，做實際的直接調查，期待將當地的語言現象做一詳實的紀錄、分析、比對及留存，並以此為往後在宜蘭其他地點的語言調查打好基礎，持續推展，讓此特別的宜蘭腔語言資產能流傳下去，對此古老的語音的保存盡一份心力。

二、研究目的

談到台灣閩南語，宜蘭腔總是台灣重要的次方言之一，由於保存的漳州腔音系完整，常被學者討論探研。不過，它也已經不是純粹的漳州音。從文獻中得知，在聲母方面，有 15 音是沒有爭議的；韻母方面，則因研究的學者而有些許的不同。特別是在 -iaŋ, -ioŋ（k）與-ieŋ（k），文獻有不一致的現象，表示未長期居住的各方非當地人畢竟有觀察相異之處，有必要釐清。其次，

〔註16〕史迪芬・平克（Steven Pinker），《語言本能》，洪蘭 譯，（台北市，商周，二版，2007），頁 305。

聲調方面，陽入調的特殊性已是眾所皆知，但是，分析陽入調最好將喉塞音-h 與另三音-p、-t、-k 分開處理，因為宜蘭腔的陽入調，其調值已比台南音稍降，變成與傳統第七調近似，但喉塞音的-h 有失去的現象，其他三音卻仍然是明顯的入聲，筆者認為有必要透過此次的直接調查來正本清源，消彌疑點。

同時，對於特別的語音、語彙，也應記錄留存。譬如：「頭髮」講「頭毛」[tʰau₃₃ muĩ¹³]或[tʰau₃₃ mɔ̃⁵⁵]；「毛毛雨」講「雨毛仔」音[hɔ₁₁ muĩ₅₅ ã⁵¹]或「毛毛仔雨」音[muĩ₃₃ muĩ₃₃ ã₅₅ hɔ³³]；在石城海邊伸入海岸的礁石，稱「石坪」音[tsio₁₁ pʰiã¹³]；「暗礁」稱「暗礁仔」音[am₅₁ ta₅₅ a⁵¹]；緊貼生長在海邊礁石上的圓形單貝類名叫[tsʰian₅₅ tsʰuã₅₅ ã⁵¹]，漢字不明；特別針對，「在哪裡」講「直蹋」音「tit₅₅ taʔ³¹」或「tit₁₁ taʔ³¹」，其中的[tit]與一般腔講「佇」音[ti³³]有入聲與非入聲的顯著區別。

由於現今的語境已與三、四十年前大不相同，老中青三代的語音、語彙和語法是否已經產生很大的變化，也是筆者關切的問題，記錄檢視三代的語言情況，進行表列、比較，現在是應該進行的時候了。大衛·克里斯托在「語言的死亡」一書中講：

> 文化的傳承，以語言和文字為主。……「語言的多樣性一有減損，
> 我們這物種的適應力馬上降低，因為，這樣一來，我們可以汲取的
> 知識庫，水位便朝下降了。」（2001：93）

由於語言和文字是長期人類智慧的結晶，也是歷史的寶藏。筆者期待能整理出各種有用的資料，除留存與做歷史的見證外，也可作為設計、編製本土語言教育教材參考之用，對文化的傳承略盡綿薄之力；亦可提供頭城鎮在方志的語言篇留下正確的記錄。

第三節　預期研究結果與限制

一、預期研究效果

（一）音韻部份

1. 查尋–iaŋ（k），-iɔŋ（k）與-ieŋ（k）所相對應的語彙，建立語料庫，並查証原來是否只有-iŋ（k），而-iaŋ（k）與-iɔŋ（k）都是後來受到他處優勢腔的影響，而-iŋ 〔註17〕是漳州音所原有的，也是頭城腔所有的？

〔註17〕-iŋ 就是-ieŋ，依方便性，自此之後都用-iŋ 表示-ieŋ。

2. 找出有關宜蘭腔特殊音-uĩ 相對應的語彙，建立語料庫。

3. 清查「省」的語音是否仍講成 $[sẽ^{51}]$？還是已「音變」成 $[siŋ^{51}]$？

4. 整理分析出陽入調中，喉塞音-ʔ和-p、-t、-k 的變調規則。

（二）世代間的比對

1. 找出世代間語音、語彙的差異，製成比較表，以供各方參考。

2. 查察頭城腔音變的方向是往何種音系變化。

3. 與藍清漢《中國語宜蘭方言語彙集》及 2008 年張屏生《宜蘭閩南話語彙稿》做比對，找出「異時性」在不同地點，今昔的差異點。

（三）特殊語音語彙的建立

1. 與其他地區有相同或不同的語彙，卻有不同發音的現象，將之記錄留存。

2. 每個地區都有其特殊物種或物品，命名時通常都有其意義存在，基於「綠色語言學」的角度，對特殊的名稱記錄語料語音，讓具有地域性的物種或物品的名稱存留下來，或繼續再使用。

（四）依此次經驗，繼續為下一個方言點做調查而準備。

二、研究限制

（一）雪山隧道開通後，「台北-頭城」的交通更為便捷，人員流通更加快速，要找到恰當的發音人是否容易？生活型態改變，對物種與物品的名稱是否仍舊熟悉？

（二）文化轉變，農、工、商環境大不相同，對自然環境、工具、日常生活的語詞語彙大不相同，年輕一輩是否能以流利的台語侃侃而談？

（三）年齡的差異，華語語境的影響，可能導致詞彙的不一致，造成語詞語彙的中斷，致使無法理出語音、音韻系統。

（四）保守的民風，增加找尋語音合作人的困難度，尤其是錄音的要求，更令頭城鄉親遲疑卻步。

（五）其他目前未知的情況。

第四節　田野調查說明

頭城位於台灣東北一隅，是早期進入宜蘭的第一城，從吳沙於 1796 年建立據點至今已逾 200 年。2008 年 8 月，初次到頭城做訪談，1924 年生，85 歲

的林翠鸞發音合作人講「英雄好漢」音[iŋ$_{33}$ iŋ^{13} ho$_{55}$ han^{11}]、講「高雄」音[ko$_{33}$ iŋ^{13}]，講「中央政府」音[tiŋ$_{33}$ iŋ^{33} tsiŋ$_{51}$ hu^{51}]倍感新鮮與驚奇，難道古代的「英雄」iŋ$_{33}$ iŋ^{13}本來就是「閒閒」iŋ$_{33}$ iŋ^{13}沒事幹？

語言學家趙元任在談到音位的條件時講到〔註18〕：

> 本地人對於他的語言材料是最高權威，他說：「這樣兒說是我們這兒的話，那麼樣兒說不是我們這兒的話，我們沒有那麼說的」，這上頭他是最高權威，不能跟他辯的－除非查出來他的來歷，有別處的影響的混雜。

1980 年橋本 萬太郎在藍清漢《中國語宜蘭方言語彙集》的序言中提到：

> 個々のサンディ形の観察は、母語のはなしてだけに、正確無比である。統詞環境による変調の分析は、今後の課題であろ。

> （譯文）：各種連續變調的觀察，由於是自己的母語，能夠正確無比。

> 根據總環境做變調的分析，大概是今後（研究者）的課題吧！

由此可見，田野調查的權威性和以熟知母語的身分調查自己母語是田野調查的充要條件〔註19〕。此外，書面的正確標記和誠實表達，更是研究者應該具備的學術素養。

筆者針對本研究之田野調查工作，主要是重新建立原有的音韻系統，釐清前賢對宜蘭地區語音有不明或誤會之處。二者，建立頭城本地的語音、語彙等語料庫。三者，了解世代間語詞語彙等語用情形，比對其共時性（synchronic）的語音語彙變異情形。四者，與藍清漢《中國語宜蘭方言語彙集》和 2008 年張屏生《宜蘭閩南話語彙稿》做異時性（diachronic）的比對。

一、方言調查

進行田野調查工作，發音合作人影響調查的成果甚鉅，必須慎選，因此事前必須預設條件，以期調查工作順利進行。

（一）發音人條件

1. 在頭城出生長大，不經常在外縣市者。

〔註18〕 趙元任（2001：33）。

〔註19〕 當命題 A→B 和 B→A 都為真時，A 是 B 的充分必要條件，同時，B 也是 A 的充分必要條件。充分必要條件，亦可以簡稱為充要條件。
ttp://zh.wikipedia.org/zh-tw/%E5%85%85%E8%A6%81%E6%9D%A1%E4%BB%B6。

2. 老年層 60 歲以上，口齒清晰者。

3. 中年層 30～59 歲者。

4. 青年層 30 歲以下。

（二）行業別：各行各業都有最好。本次筆者的發音合作人行業有公務員、退休老里長、漁船長兼漁會理監事、中藥行負責人、資深務農者、資深務漁者、養殖業者、印刷業、陶瓷業、退休小學教師、退休火車站站長、便利商店店員、工廠上班族、青菜批發商、廟會主委、圖書館志工、農會推廣員、廚師、高中補校學生。

（三）受訪人數：共有城北、城西、城南、城東、拔雅里、合興里、中崙里、下崙里、外澳里、武營里、金面里、二城里。

60 歲以上 16 位，中年層 30～59 歲者有 8 位，30 歲以下有 4 位

（四）祖籍：根據獲得的在地發音合作人的祖籍統計，隸屬清代福建漳州府者，平和 7 人、南靖 4 人、詔安 3 人、海澄 4 人、漳浦赤湖 1 人，隸屬泉州府者，有金浦 2 人。漳州人：泉州人等於 19：2。

二、書面作業

（一）整理、分析、編寫訪談紀錄

（二）整理出同音字表、語彙比較本

（三）與 1980 年藍清漢《中國語宜蘭方言語彙集》的礁溪音和 2008 年張屏生《宜蘭閩南話語彙稿》的羅東音做比對。

第二章　文獻回顧

　　有關專門針對頭城地區的偏漳腔台灣閩南話的語音、語彙和語法的調查研究，並不多見。實際訪談過頭城人的學者大概只有洪惟仁教授一人，其經過記載於洪教授的著作《台灣方言之旅》。〔註1〕至於藍清漢曾於 1980 年在東京外國語亞非研究所出版一本《中國語宜蘭方言語彙集》，文中語言地理有包含頭城，但無法得知其所本的『方言詞彙調查手冊（HANDBOOK OF CHINESE DIALECT VOCABULARY）』（Princeton,1972），是如何進行調查，惟其文本中的語料、語彙和語法應屬豐富，值得探討比較。張屏生雖然曾到宜蘭羅東，却不曾到頭城調查。不過，其所著文本含有羅東的語音和語彙，與頭城同屬宜蘭地區，值得比對與探討。其餘學者則多屬理論分析較多，並無實際做過田調。因此，在文獻回顧部分，筆者將分成兩部分探討：1）對做過田調的文獻，除重視理論依據和音系比對外，主要是對語料在語音、語彙的比對和再檢視，希望能有新發現並加以補充不足之處。2）針對書面的研究方面，檢視其文對宜蘭腔音系的見解，做了解與回顧，期對本研究提供更多的探討資源。

第一節　宜蘭地區方言經實際田調之相關文獻回顧

一、洪惟仁《台灣方言之旅》

　　洪氏自從 1985 年起，在台灣各地進行方言調查，本書是其調查的紀行心得實錄。對有意願進行語言田調的後學，是行前必讀的經典。在自序中，他

〔註 1〕洪惟仁，（1999：110）。

就指出研究台灣話的應備要件：1）語言學素養 2）實際田野調查 3）多方言點的調查 4）不同年齡層的調查。研究台語，不能不做調查，不能只以自己的母語為準，只記錄自己的母語，不能算是「研究」。〔註2〕這是研究語言應有的態度與研究前應有的認知，這個要求比藍清漢的論文更多、更具挑戰性。

本書的經驗讓後學者避免走重複的路，譬如宜蘭縣誌語言篇，是由非語言學者廖漢臣先生撰寫，沒經過語言學的訓練，無實際田調紀錄，沒用國際音標標記，一昧抄襲日人著作。經洪惟仁檢視後，後學者就可以不被誤導，省卻不必要的時間與精力的浪費。

洪惟仁在宜蘭方言調查上，對頭城人的訪談調查，距今（2009年）已23年，是否正如洪氏所提由於都市的膨脹，觀光客的進出，也正急速的喪失其方言特色？〔註3〕是否位於雪山隧出口的頭城，已非95%純漳腔？尤其，本書73頁也提到，在宜蘭大城、礁溪、南澳、宜蘭市的老輩，桃園大溪，南投名間、集集，台中太平鄉一部分，把漳腔的-ioŋ和-iaŋ讀成-iŋ，如「台中」說「台燈」tai$_{33}$ tiŋ^{55}，「中央」說「中英」tai$_{33}$ tiŋ^{55}。正與筆者在頭城所遭遇的情況相同，最近筆者聽到有七、八十餘歲的長者，將「中央」發音為[tai$_{33}$ iŋ^{55}]、「英雄」發音為[iŋ$_{33}$ iŋ^{13}]，此語音極為特殊，存留至今難能可貴，值得加以錄音留存與探討，是否這才是真正的漳州腔？

二、中央研究院歷史語言研究所《台灣地區漢語方言調查計畫第六年期——台灣東部閩南語方言調查研究報告》

這是1996年洪惟仁在台灣東部語言調查的《研究報告》〔註4〕，可以和頭城音做個比對。報告中顯示相鄰頭城的礁溪音，已有-iəŋ/-ioŋ 兩音並存和-iəŋ/-iaŋ的記錄。如「響」音[hiəŋ$_{31}$]〔註5〕/[hiaŋ$_{31}$]〔註6〕、享受[hiəŋ$_{33}$ siu$_{22}$]/[hiaŋ$_{33}$ siu$_{22}$]；而羅東音是-iaŋ，如「響」[hiaŋ$_{31}$]、享受[hiaŋ$_{33}$ siu$_{22}$]。如英雄[iəŋ$_{22}$hiəŋ$_{12}$]／[iəŋ$_{22}$hioŋ$_{12}$]、傷重[siəŋ$_{22}$ tiəŋ$_{22}$]；而羅東音都是-ioŋ，英雄

〔註2〕 洪惟仁，〈自序〉，《台灣方言之旅》，（台北市，前衛，1999，二版二刷），頁3。
〔註3〕 洪惟仁（1999：108）。
〔註4〕 龔煌城（1996）。
〔註5〕 此處依照洪惟仁原文標記方式，本文筆者以 iŋ 做標記，全文皆同。
〔註6〕 此處依照洪惟仁原文，使用1，2，3 三階式的數字標記法。筆者使用五階式的數字標記法，但僅使用1，3，5；同時依張屏生所創，變調標記在右下方，本調標記在右上方。

[iəŋ22hiɔŋ12]、傷重[siɔŋ22 tiɔŋ22]。當然，也有和通行腔一樣的-iəŋ，如「英」仍然是保持不變的，不必討論。至於入聲韻-iək/-iak 和-iɔk，礁溪也有兩音，如約束[iək3 sɔk2]/[iak3 sɔk2]、接觸[tsiap3 siɔk2] /[tsiap3 siək2]；而羅東就只有約束[iak3 sɔk2]和接觸[tsiap3 siɔk2]了。實際的直接調查記錄，提供我們在宜蘭縣內頭城腔、礁溪腔和羅東腔的比較，藉以了解宜蘭縣內南北腔的差異和音變的方向，讓我們更了解同一縣內的音變也有不同的走向。

三、張屏生《台灣地區漢語方言語音和詞彙》和《宜蘭閩南語語彙稿》

本書是張屏生教授長時間勤走訪談、嘔心瀝血之作，共有四冊，分論述篇及語料篇。方言類型分四大類，即台灣閩南語、台灣客家語、馬祖閩東話（福州話）和台灣軍話。在台灣閩南語部分，共紀錄了十九個方言點，針對各方言點的語音系統、音系特點和特殊音讀、特殊詞彙做重點式的扼要詳實的紀錄。同時，採用比較歸納的方式，做語音、語彙差異的分析與比對；並談及閩客雙方言的現象、語言忌諱與各地外來語彙語音的比較。理論與實際兼顧，條理分明、方言採樣廣泛，是後學者語言田調的教科書。綜合觀之，本書雖然臺灣各語言語料與詞彙豐富，但是，在宜蘭縣只做羅東地區，且訪談人只有數人，較嫌不足。在聲母部份，註明羅東的閩南話有 15 個聲母；在韻母部份，已涵蓋所有特點。變調部分也很齊全，並且在 p, t, k 入聲的變調原則，也分高短調、中短調與低短調三階變調，與洪惟仁有相同的認知〔註7〕。本書雖已將宜蘭腔的特點列出，仍有一些語料和語彙的語音值得再比對與探究。

2008 年，張屏生《宜蘭閩南語語彙稿》中的 46 個舒聲韻母中，也包括—iaŋ，iɔŋ 兩韻了。也就是張教授的羅東腔的記錄，也有-iəŋ（k），-iaŋ（k）和-iɔŋ（k）的語彙。由於語彙包羅萬象，有 4000 個以上，非常值得比對分析。本文附錄中《宜蘭頭城台語語彙集》主要就是以此語彙稿當作樣本對發音合作人做直接調查。

四、1980 年藍清漢的《中國語宜蘭方言語彙集》

藍清漢（1947～2004 年），宜蘭礁溪人。中國文化大學日文系畢業，東京都立大學語言研究所畢業，1980 年在東京外國語大學亞非言語文化研究所完

〔註7〕 洪惟仁，（1996：69）。

成本論文。藍氏屬外交界人物，曾任職中華民國駐日辦事處副代表，於任內 2004 年 7 月 7 日病逝於台北榮總。

本書主要是根據『方言詞彙調查手冊（HANDBOOK OF CHINESE DIALECT VOCABULARY）』（Princeton,1972）所做的，不是藍清漢親自做語言田調的直接調查，應是藍氏本人的礁溪語音的記錄（見序言まえがき，橋本 萬太郎）。本書特別指出三籍（漳、泉、粵）人口數的比較，清治時期，嘉慶初年（1796），吳沙開發時期的人口數、嘉慶 15 年（1810）的人口數與日治時期昭和元年（1926）的人口數之比較。如下表：

國別/帝號年代/西元	區域	漳人	泉人	粵人（客家人）	備註
清／嘉慶初年／1796	頭城	千餘人	少	數十人	十人中漳人居其九，泉粵人只佔其一
清／嘉慶 15 年／1810	噶瑪蘭	42500	250	140	
日／昭和初年／1926	宜蘭	133000	4700	9600（含其他人）	

由上述年代得知，早期的開墾人口多聚於「頭圍」，即「頭城」這一帶，因此，調查「頭城」的語音語彙，更具歷史的意義。

葛瑪蘭除人口比例的現象外，居於後山位置，由於交通不便，與外界的接觸較不頻繁，宜蘭較晚開發，這兩個因素，造成宜蘭腔仍能保存較純的漳州音。在聲母方面，b/m、l/n、g/ŋ 並列，依鼻音韻母而變，因此，聲母部份有 15 個。

在韻母方面，找不到姜韻 iaŋ（k）、恭韻 ioŋ（k），如：從、沖、龍、絨、用等等，一般歸類於-ioŋ 韻，該文卻列於 –iŋ 韻；有長、強、向、央等等，一般歸類於-iaŋ 韻，該文卻列於-iŋ 韻。〔註8〕田調時，此兩陽聲韻和兩入聲韻必須特別注意，以釐清事實；聲調方面，將「食」tsia33、「白」pe33 列入陽去調，但是，文中以傳統的變調規則，陽入和陰入互相轉變，有違宜蘭口音的變調規則。另外，本書，頁 48～69（宜蘭方言音節全表），列出舒聲韻母 43 個，比張屏生教授《宜蘭閩南語語彙稿》中的舒聲韻母 46 個，少三個-iaŋ，ioŋ，uaŋ，入聲韻母少 iak，iok 兩個；與董忠司〈台北市、台南市、鹿港、宜蘭等四個方言音系的整理與比較〉內的宜蘭韻母有舒聲韻 43 個相同。

〔註 8〕 藍清漢（1980：60）。

五、2005 年簡佳敏《宜蘭縣溪北地區褌、恭、姜字組的語音變化》

　　簡嘉敏的碩士論文，主要是調查頭城、礁溪兩地，關於褌/-uĩ/、恭/-iɔŋ/、姜/-iaŋ/字組的語音變化。針對老中青少四個年齡層和男女性別，以設計的詞組做實際的田野調查，分析出-uĩ>ŋ、-iŋ>iɔŋ 卻不是-iŋ>iaŋ 的客觀事實。這個事實印證出/-uĩ/韻和/-iŋ/韻的音變方向是傾向泉州音，不是漳州音。該文中，對於姜韻在頭城對老年層的調查，其語音記錄與筆者較不相同，筆者的老年層的發音合作人，並未發出-iaŋ 的變體，若有也是因職業或交遊廣闊而發出-iɔŋ的變體，如著傷、將軍、歎像等〔註9〕。另外，在蘭陽地區若是講溪北，不應忽略縣府所在地的宜蘭市，因為筆者是宜蘭市人，親身體驗，宜蘭市早已含有-iŋ、-iɔŋ、-iaŋ 三韻並存的所謂的漳州音，因此，以頭城和礁溪兩地，來概括溪北，稍嫌不足，若能加入宜蘭市來做比較，就更為切題完整了。若在蘭陽地區，要有一個城市來代表偏漳腔，則非宜蘭市莫屬。

第二節　其他地區方言經實際田調之相關文獻回顧

一、董同龢、趙榮琅、藍亞秀《記台灣的一種閩南話》

　　本文作於 1952 年暑假，主題分成三部份—音標說明、語料標音和語彙。由董教授帶領趙、藍二君做記音實習時，透過一位主要發音人做出來的，他們運用 1）音位標記法 2）D.Jones 所謂的寬式標音來記音。值得一提的是，本文精確的紀錄當時的發音人的語音，對台北地區的語音有參考的價值，其次，記錄工作主要由趙、藍二位同時執筆，董教授補正疏漏，三人又分別再從頭至尾看過，遇有疑難，都經過商討而後定，三人共同負責任何錯誤，不是由一人單獨完成，因此，提高本文的可靠性。

　　語音直接調查，若沒有一套有趣的方式進行訪談，雙方將感到乏味無聊又容易疲憊。本書採用紀錄「各樣的自然的話」，讓呈現出來的語料詞彙，生動活潑，閱讀人也感覺有內容、有意思，從中又可學習到當地的故事、俗諺、謎語、劇本、歌謠和歌詞等生活常用的語彙語料，不侷限於單字音的收集及調查，做直接調查時，應該也可做這樣的設計才好，這是本書最值得效法之處。據作者自述，在閩南語的範圍之內，（這種紀錄、記音的方式）可以說是以前沒有的。

〔註9〕請參閱本文，田野調查的語音特點實錄，頁 51。

　　筆者做頭城語音田調，必須個人單獨紀錄，自行負責，因此，必須特別注意其精確度，反覆查看，以免造成不可原諒的疏失。必要時，針對有疑問的語音必須和數位發音人核對，才能將錯誤降至最低。

二、張屏生〈金門方言的語音系統〉

　　本文是張教授與其學生到金門做方言調查，訪談三位金門人的紀錄成果。顯示金門有聲母 14 個，比偏漳的宜蘭腔少一個/dz/；韻母部分，主要元音有 8 個 /a、ə、ɔ、o、e、ɛ、ɨ、i、u/ 比宜蘭腔多 2 個；韻母有 85 個。

　　本文將方言調查記音的方式，鉅細靡遺的敘述，包括使用記音標記的理由、音素音值、聲韻結合的特點、以國際音標清楚記敘與說明、種種變調規則檢視，並與《彙音妙悟》做核對，檢視音系的歷時性變化，終於獲致金門方言屬泉州的同安腔的結論。語料雖不多，但效果良好，可見語音調查前，調查語料的預備和設計必須非常注意，以期達事半功倍的效果。

三、2008 年，謝孟宓《高雄市小港區大林蒲閩南話調查與研究》

　　本文主要是針對高雄市小港區大林蒲的閩南話語音及詞彙進行探討，並搭配社會調查將其歷時與共時的語音現象作一完整的呈現。本研究在語言文獻貧乏的地區，建立一個語言調查的新模式，讓後學者遵循。其特點有：

1）建立當地語彙資源，保留珍貴語言材料。
2）與鄰近地區的方言比較，紀錄共時性的方音差的比對紀錄。
3）進行社會方言調查，探究三代年齡層的聲母、韻母、聲調和語言態度地異同點，了解在華語強勢語境影響下的大林蒲台灣閩南語的語用情形及變異情況。
4）作者表達此研究只是開端，以後的展望：編纂「大林蒲閩南話辭典」更是作者持續要進行的可以完成的目標。

　　此種綜合性方言調查的新模式，值得效法引用，是想踏入語言調查領域的後學者的典範之一。讓台灣各地都有受過語言知識訓練的在地人，從事自己的語言直接調查，整理、累積語音、語彙及社會語境、語用等情況，記錄、保留語料，活化語言，讓語言的資產流傳不息。

四、陳淑娟《桃園大牛欄方言的語音變化與語言轉移》

　　本書是陳淑娟的博士論文，主要在探討大牛欄方言與台灣閩南語優勢音

接觸產生的語音變異與變化，並分析其與客語長期接觸後的語言維持與轉移。〔註10〕由於時代的環境演變，作者特別注重外在因素的影響所造成的「語音變化」，是屬於社會語言學研究的範疇。尤其是大牛欄方言是屬於閩南語的一種，卻是被客語包圍住的方言島，其地理位置的特殊性讓作者有興趣探討其語言各層面所受到的影響與轉化。作者以 Labor 的研究模式做其研究方法的藍本，探究大牛欄方言語音的變化和社會因素的影響，發現中青年的地方音有向台語優勢音靠攏的趨勢；在以年齡與語音變化的分析這方面，正可以作為筆者此次田野調查後做分析的參考，找出三個年齡層的語音變化軌跡。尤其是大牛欄方言語音和宜蘭腔都有-uĩ 的漳州音，作者以列舉出此語音變化為 -ŋ 的比例〔註11〕，正好可做為筆者的參考材料，調查頭城地區[uĩ]是否有趨向優勢腔[ŋ]的情形？其次，是否還可以找到[iɔ̃]與[ĩu]並存的情形，或者如其他學者已證實[iɔ̃]>[ĩu]，已轉化完成？還是像大牛欄方言一樣可以清楚的找出並存的比例？另外，作者已獲驗證的研究假設中的第 2 項，音變必須有助於方言內部結構的平衡，才會加速進行，否則會傾向維持原音。第 3 項，音變乃透過詞彙擴散逐步進行完成。這兩項的假設，也將值得筆者探討頭城不同年齡層共時性的音變情形。

很湊巧地，大牛欄方言漳州腔的[iɔ̃]>[ĩu]與宜蘭腔相同，這兩音在大牛欄是並存的，在頭城是呈現什麼現象？頭城的語音是否受到外界的影響而產生音變？值得筆者做研究的參考與比對。

第三節　書面研究之文獻回顧

一、盧淑美《台灣閩南語音韻研究》

本書在聲母因受到舌面高元音 i 之影響，產生顎化作用〔註12〕的部份，著墨甚多；在「無聲母」與「ʔ聲母」的方面，也嚴格分開，分析態度嚴謹，自成一格；因此，其聲母，含零聲母共有23 個〔註13〕，單元音，含漳泉腔及鹿港腔共有 8 個〔註14〕。陰聲韻、陽聲韻與入聲韻的區別，非常清楚明白。只

〔註10〕陳淑娟（2004：摘要 i）。
〔註11〕同上，頁 117，表 4.6。
〔註12〕盧淑美（1977：4）
〔註13〕同上，頁 8。
〔註14〕同上，頁 10。

是該文可能礙於篇幅，例句較少，有些音可能是特例，卻被當成通例，有值得被質疑之處。比如：確實有 iɔk 與 iok 二韻母之存在。〔註15〕只有「陸」與「辱」兩字，是否真如其所言，有 ɔ、o 兩音之分？有足夠的其他例子支持這個看法，以成通則嗎？頭城腔的「陸」讀 lik³³「辱」讀 dzik³³，非常一致。在語音方面，還是有標記比較容易理解，標記闕如，對語音的理解將有所侷限。另外，稱玩耍、耍弄為[sŋ?⁵⁵]〔註16〕，是喉塞音嗎？還是[sŋ⁵¹]？值得再研究檢視。在陰入陽入變調方面，仍然依循傳統變調規則。此部份，洪惟仁在《台灣話音韻入門》中已依實際變調情形，分成高短調、中短調與低短調的「口入聲轉調規則」〔註17〕，以表示實際變調的語音情形。避免理論與實際的爭議，筆者紀錄語音亦將依此變調規則標記，確保語音的正確無誤。

二、董忠司〈台北市、台南市、鹿港、宜蘭等四個方言音系的整理與比較〉

　　本文載於《新竹師院學報》第五期，主要在探討極偏漳腔的宜蘭腔、極偏泉腔的鹿港腔、台灣早期不漳不泉的代表-台南腔、台灣近代不漳不泉的代表-台北腔等四種語音的比較。大概是限於篇幅，只進行語音的探究。

　　在聲母方面，談到「入」母（dz-）變「柳」母（l-），dz->l：日子 dzit8-tsi2 > lit8-tsi2，熱天 dzua7-thĩ1> lua7-thĩ1。台南與鹿港失去 dz 的聲母，宜蘭腔仍然不變；dz->g：寫字 sia2-dzi7>sia2-gi7，宜蘭還是不變，因此宜蘭腔仍有維持 15 個聲母。至於韻母方面，文中記載宜蘭韻母有 81 個。

　　其中重要的是，董教授認為

　　　　宜蘭韻母最大的特色是：1）本來沒有-iaŋ，-iak 和-iɔŋ，-iɔk 四個韻
　　　　母，而併入-iəŋ，-iək。〔註18〕目前宜蘭方言裡-iaŋ，-iɔŋ（k）與-iəŋ
　　　　（k）並存的現象是借自台北方言的。

頭城腔有-iaŋ，-iɔŋ（k）與-iəŋ（k）並存的現象嗎？若有是借自台北方言的嗎？沒有其他因素嗎？這些問題值得一一釐清。

　　聲調方面，董忠司教授也特別將宜蘭腔的喉塞音陽入調提出，但是，只是點到為止。筆者認為此點也是宜蘭腔的特色之一，可以講更清楚。譬如：

〔註15〕盧淑美（1977：4），頁 17。
〔註16〕同上，頁 19。
〔註17〕洪惟仁（1996：69）。
〔註18〕董忠司（1991：48）。

食 tsiaʔ⁵、藥 ioʔ⁵、白 peʔ⁵，頭城腔比台南腔的音調低，變成類似陽去調的音值，食 tsia³³、白 pe³³、藥 io³³，變調也和陽去調一樣，變成陰去調，如：食飯 tsia₁₁ puĩ³³、白花 pe₁₁ hue⁵⁵、藥局 io₁₁ kik³³。在上述情況，喉塞音-ʔ，不像台南腔是清楚的第八調，卻因為聲音可以延長的長音調，變成陽去，變調規則也與陽去調相同。其次，董文第 49 頁談到：

宜蘭的聲調系統和台南市大體相似，不同的只有二處：

	陰入	陽入
台南	32	44
宜蘭	22	55

其中陽入的調值應該是筆誤或者是疏忽，因為宜蘭陽入調不應該是 55。

三、丁邦新《台灣語言源流》

本文獻較舊（1979），記聲調方式仍採平上去入，勾破音的傳統方式。在聲母方面，丁氏將台北、桃園、台中、台南、高雄、宜蘭 6 個方言點做比較，其中宜蘭的聲母可說是與漳州音完全相同；元音系統也是與漳州音相同。在韻母方面，本書中的漳州音韻母有 82 個，含有-iaŋ「雙」，-iɔŋ「中」無-iəŋ（k），可供筆者比對，檢視頭城腔在這幾個音韻是否與漳州音一致。本文 23 頁，談到台中和宜蘭兩地的喉塞音「ʔ」是不穩的音位，今天已是眾所周知的了。只是其中一個字「入」，在宜蘭腔並不屬喉塞音，應該是陽入音，調值[dzip³³]。

第三章　研究與調查

第一節　研究方法

一、直接調查法

　　本研究採傳統的方言調查，採用直接調查法〔註1〕，直接到發音合作人的家鄉進行調查。與發音人面對面進行有系統的、自然的語音語彙和語法的訪談調查，將頭城的音韻現象做一詳實的紀錄與整哩，藉以歸納出頭城的音韻系統，製成音節表、同音字表和語彙集，從中理解其語音特色與兩代共時性的變異。

二、語料分析法

　　由於是採取老中青三代的調查，可以理解各代的語音、語調和語彙的共時性的差異，製成老中青語音、語調和語彙的比較對照表，對當今時代在華語的強勢衝擊下，交通頻繁的環境下所影響的情況，做一量化的呈現，讓比較表說話，提供頭城不同世代的台灣閩南語的語音和語用現象。

三、語言比較法

　　本研究在訪談調查前，必先徵得受訪人的同意，採行一對一當面訪談的方式，進行錄音的工作，期間，由採訪人逐一向受訪人解說與紀錄。在詞彙

〔註1〕游杰汝（2004：55）。

採樣方面，筆者依頭城的人文特色，蒐集相關語彙資料或圖片，參考 1980年，藍清漢《中國語宜蘭方言語彙集》和 2008 年，張屏生《宜蘭閩南話語彙稿》以及張屏生教授編《田野調查專題研究——教學資料彙編》（2007，6），並補充筆者理解的語彙資料，整理出針對頭城地區，可以測驗出音韻的單字、語彙和語音，做出在宜蘭不同地區所調查出的語言異時性和共時性的比較分析。

第二節　研究步驟

一、語彙資料的搜集

訪談資料主要依據張屏生編《田野調查專題研究——教學資料彙編》（2007，6），洪惟仁《閩南語方言調查手冊》以及藍清漢《中國語宜蘭方言語彙集》，編列出針對頭城地區，可以測驗出音韻的單字、語彙和句型；配合圖片，盡量不受其他語言的干擾，讓發音人看圖講話。同時，誘導發音人講出具有當地特色的語彙和句型，加以補充特殊的語料。

二、音韻系統的歸納

將訪談所得的語料，逐一進行記音工作，製成方言音節全表，同音字表和語彙集，歸納出頭城閩南話的音韻系統與語音特色。

三、語音語彙的比較

將頭城老中青三代的語音語彙做出相對差異表，以表格的方式呈現之，以利比較三代間的差異程度。其次，與藍清漢《中國語宜蘭方言語彙集》和張屏生《宜蘭閩南話語彙稿》的語音語彙做比較，以了解三者的異同點。

四、特殊語音和語彙的條列

條列出頭成自然地理環境所形成的特殊語音和語彙，突顯地域上的特殊性。

第三節　本文音標使用之說明

本文採用國際音標（IPA）標音，並採寬式記音，說明如下：

一、輔音部分

　　學者們普遍認為偏漳腔台語的聲母在音位上最多 15 個，台南腔則只有 14 個，因為 b-/m-、l-/n-、g-/ŋ- 是為同一音位，理論上不增加 m-、n-、ŋ-三個聲母，但是查看各家標音時，仍然各自分列，理論與實際似乎不盡相同；然而，體察「媽」、「娘」、「雅」的發音為例，起音時已發出鼻輔音[m]、[n]、[ŋ]，不是發出輔音[b]、[l]、[g]；再者，[m]、[n]、[ŋ]也做為鼻音輔音韻尾，如同輔音[p]、[t]、[k]也可作為輔音韻尾-p, -t, -k。因此，筆者將採分列出來，讓理論與實際合一，並方便註記與說明。

　　針對「鼻輔音的獨立性與標記規則」，特別提出說明如下：

　　趙元任（2001：26）在〈第三講 音位論〉談到：

　　　◎音位（phoneme）就是論語音應用在語言上有什麼功能而言的。音位論對語言研究最大的用處，勢在能夠把須得辨別的聲音都辨別出來。不管它多麼細微，而把無須辨別的聲音混為一談，不管它在聲音上是差得多遠。

　　　◎音位論是在語言的分析理論當中，做一種分清步驟的手段。把步驟分清了，對於許多事實的敘述，可以免除不必要的、重複的囉嗦。

因此，他表示：須分的就要分，不須分的就不分。否則，每次都要重重復復的說一遍。

　　　胡適之先生說英文的 n，l 比中文的好分，因為英文是「掛了招牌」的〔註2〕。

也就是說英文的輔音是分得很清楚，能讓人一目了然。如 night 叫[nait]，light 叫[lait]；n 是鼻音，氣完全從鼻子出來，鼻音充滿整個字，不用特別標示或解釋其韻母是為鼻元音或何者是主要鼻元音，也與韻母中的是否是主要元音無關。

　　董同龢（1957：278）講到：

　　　m，n，ŋ 所配的韻母，除去少數成音的鼻音，就完全是鼻化元音。如果在聲母上把 m，n，ŋ 和 b，l，g 分開；m，n，ŋ 後面韻母元音的鼻化符號就可以完全省去。換言之，我們可以把 m，n，ŋ 之後的

―――――――――――――――――――
〔註2〕趙元任（2001：158）。

韻母元音的鼻化予以由聲母來表現。這樣做，對於全體閩南方言還
有一種特殊的便利，那就是可以根本省去若干不必要的鼻化元音韻
母。

其次，竺家寧《古音之旅》頁 160：

依李芳桂先生的研究，舌上音和正齒音二等自都有個[r]介音，例
如：⋯娘[nr-]⋯，所有的二等字在上古也都有[r]介音，例如：埋
[mrəg]、麥[mrək]⋯

由此可見，經由[r]介音的分隔，更可以理解鼻聲母的獨立性，不必要有鼻韻
母才將[b]，[l]同化成[m]，[n]。

綜上所述，台語的鼻音字，如雙唇鼻音：媽[ma]，毛[mɔ]；舌尖鼻音：
拈[ni]，貓[niau]；舌根鼻音：雅[ŋa]，硬[ŋe]，即使不標鼻元音，也可以發
出鼻音字。由此可證，一個字的鼻音與元音無絕對的關係，也證明鼻輔音
可獨立門戶，讓輔音的規則更能一目了然，所以，m，n，ŋ 應該分出來自
立門戶。

另外，IPA 也是將此三個音分別列入鼻輔音的位置，無庸置疑的，他們有
自己的音位，不必要受鼻元音的影響，反而是他們以同化作用影響口元音，
基於和現代語音學同軌的必要性，實在有必要將 m，n，ŋ 分立出來。

簡而言之，m，n，ŋ 可以是 1）輔音 2）陽聲韻尾；尤其，m，ŋ 也是獨
立輔音音節，能分飾三個角色的輔音，比別的輔音具更多功能，沒有理由不
將此三音獨立出來。

因此，輔音有 p，pʰ，m，b，t，tʰ，n，l，k，kʰ，ŋ，g，ts，tsʰ，s，dz，
h 和零聲母共 18 個。

同時，由於鼻輔音的存在，鼻元音的標示顯然並不是很重要，尤其是在
鼻輔音後面的單元音。但是，為了加深強調鼻元音的存在，並一統其標示的
方式，本書亦標示出來，如：媽[mã]，拈[nĩ]，硬[ŋẽ]。在這種情形下，標示的
位置無爭論性，也證明一個字的鼻音發音與鼻元音並不一定有關係，且與元
音的響度無關。因為鼻音是發音

在成阻階段口腔裡形成的阻礙完全閉塞，但軟顎下降，打開氣流
通往鼻腔的通路，在持阻階段氣流能順利從鼻腔出去，形成鼻音。

〔註3〕

〔註 3〕 林燾、王理嘉（2006：66）。

只是，當鼻輔音後面是複元音時，標示在哪裡，卻必須有一個準則來遵循。比如說「貓」niau 這個字音，無庸置疑的，整個字音是有鼻音的，但是，鼻音的標號要標在 iau 中的哪一個音上？在這種情況下，似乎應該標成 ĩãũ，表示鼻音充滿整個字音。但是，u 並非鼻元音，標在其上似乎有些奇怪。因此，應可標成 ĩãu。因為，ĩ 和 ã 都是鼻元音。不過，依據最簡原則，標出一個單元音即可，所以本書將響度最高的 ã 鼻元音標示出來，做為代表；響度最高並非是鼻音的決定關鍵，只是當作規則的代表而已。也就是說，當輔音後面是複元音時，標在響度最高的元音上，做為遵循的規則。比如說，[ãi]、[uãi]已代表以其為鼻音韻母的字，不管其輔音為何。

但是，零聲母的鼻音字「羊」或宜蘭腔的「黃」和非鼻輔音的「酸」應怎麼標才恰當？由於，鼻單元音並不發生在 u 上面，我們不用 ũ 來表示鼻音，而是標示在 i 上面，以 ĩ 來顯示出其鼻音的效果，因為 ĩ 是鼻單元音，足以表示此字的鼻音現象，與元音的響度或何者為主要元音並無關係。所以說，[ĩu]和[uĩ]已可代表以其為鼻音韻母的字，不管其輔音為何；也不會因響度或何者為主要元音而影響其鼻元音的標記，變成[iũ]或[ĩu]和[uĩ]或[ũi]，在兩者之間產生困擾。

綜上所述，一個鼻音字，是由鼻輔音[m]、[n]、[ŋ]或鼻元音[ĩ][ã][ẽ][ɔ̃]來確定；且鼻音的產生與何者為主要元音或響度無關，也就是說，主要元音和響度不是產生鼻音的必要條件。

因此，標記的規則如下：

1. 韻母若是單元音，用鼻音韻母即可，不管輔音是否為鼻輔音。如[mã]，[nĩ]，[ŋẽ]，[sã]，[kĩ]

2. 韻母若是複元音，選擇響度大的鼻元音標記代表。如[ãi]，[iã]，[iãu]，[kuãi]；也就是以鼻音 ã 一統代表的規則。

3. 對於 iu 韻和 ui 韻的鼻音韻母，由於鼻音的發生與何者為主要元音或響度無關，以鼻元音標記為準即可。如[ĩu]，[uĩ]

4. 其他複元音如[uã]，因 u 非鼻元音，標成[uã]即可。

依上述四原則標記鼻音，將不會發生任何衝突和困擾，並可達到簡便清楚的功效。本文即依此原則標示鼻音的部分，簡單明瞭、統一不惑。

表 3-1：聲母總表

發音發法		發音部位	雙 唇	舌 尖	舌 根	喉
塞 音	清	不送氣	p	t	k	ʔ
		送氣	pʰ	tʰ	kʰ	`
	濁		b		g	
塞擦音	清	不送氣		ts		
		送氣		tsʰ		
	濁			dz		
鼻 音	濁		m	n	ŋ	
閃 音	濁			l		
擦 音	清			s		h

由上表總計輔音（聲母）有 18 個。

二、元音部分

（一）國際音標在鼻化韻母的表現方式是，在該音節的主要元音上方標以「~」符號，例如「a」的鼻化音就是「ã」。筆者採用國際音標的標示法，將 / m-、n-、ŋ- /後方的韻母標上鼻化符號，例如「雅」ŋã⁵¹、「年」nĩ¹³。

（二）元音舌位圖

【頭城台語腔元音圖】

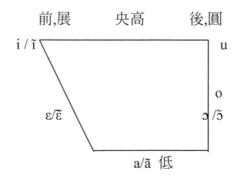

-30-

【IPA 元音圖】

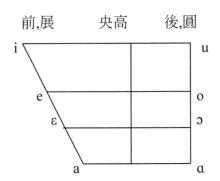

根據 IPA 手冊，1999 年版，頁 12 之圖 4（Figure 4）：

There are now four defined vowel heights：[i] and [u] are close vowels,

[e] and [o] are close-mid vowels, [ɛ] and [ɔ] are open-mid vowels……

也就是說，以口腔開合度來看，[i]是閉元音，[e]是半閉元音，[ɛ]則屬於半開元音，雖然定義如此，依最簡原則，本文選擇仍以/e/表示/ɛ/，以利與他文比較。

另一方面，鼻化元音〔註 4〕只標[ĩ]，[ẽ]，[ã]，[ɔ̃]四種，因為[ũ]並不單獨存在，[u]的鼻化現象明顯只受到[ĩ]，[ã]的影響，當[u]不與[ĩ]，[ã]相連結時，並無發生鼻化現象的案例，因此，不列入元音圖中。

（三）元音總表〔註5〕：綜合以上所述，頭城台語腔有 6 個口元音和 4 個鼻化元音，可表列如下。

口元音						鼻化元音			
i	ɛ	a	ɔ	o	u	ĩ	ɛ̃	ã	ɔ̃

本文元音中的/ɛ/，由於與/e/無辨義衝突問題，依最簡原則以/e/代替表示。因此，本文的元音總表如下：

〔註 4〕 鍾榮富（2002：32）以及勞允棟（2005：367-368）：nasal vowel n.鼻元音 nasalised vowel 之另一術語。但有人用此詞指在發音過程中應該有鼻共鳴的元音音位（如[法]之 /œ̃/，/ɔ̃/等）…。

nasalised vowel n. 鼻化元音 全過程中伴有鼻腔共鳴（發音時氣流同時從口腔和鼻腔逸出）的元音。如[法] un bon vin blanc / œ̃ bɔ̃ vɛ̃ blã /（一種優質白葡萄酒）中的元音。

〔註 5〕 註：元音總表意指單元音。

口元音						鼻元音			
i	e	a	ɔ	o	u	ĩ	ẽ	ã	ɔ̃

三、聲調部分

（一）聲調的標記，採趙元任的「五度標記法」。

（二）標記調值時，採縮小字型的阿拉伯數字於上、下標，上標表示該音節的本調，下標表示該音節的變調。例如：「頭圍」$t^hau_{33} ui^{13}$。

（三）標記入聲時，由於頭城腔的特殊性，採縮小字型的雙阿拉伯數字於上、下標。例如：七十 $ts^hit_{55} tsap^{33}$，五日節 $gɔ_{11} dzit_{11} tseʔ^{31}$。其中，入聲有陰入陽入兩種，頭城腔陰入本調，用 31 表示中促調；陽入本調用 33 表示同陽去音階的中平促調；但變調時，陽入本調轉為低促調用 11，陰入本調轉為一般高促調用 55，以資區別。

這是頭城腔特殊的地方。即：

調　類	本　調	轉　調
陰入-p, -t, -k, ʔ	31	55
陽入-p, -t, -k	33	11

〈例〉陰入：翕 hip^{31}　翕翕 $hip_{55} hip^{31}$　七 ts^hit^{31}　七發 $ts^hit_{55} huat^{31}$

陽入：十 $tsap^{33}$　十八 $tsap_{11} peʔ^{31}$　六 lak^{33}　六國 $lak_{11} kɔk^{31}$

31 表示陰入中促調，55 表示高促調；33 表示陽入中平促調，11 表示低促調。

本文頭城腔「變調規則」如下：

陰入調　　31 ⟶ 55

陽入調　　33 ⟶ 11

頭城腔講話時本調較低，因而肌肉較不緊張，除非轉入高促調。為使讀者更能明瞭調值的差異性，仍將通行腔的表示法列出，以資參考比較。

通行腔則如下：

	本　調	轉　調
陰入	3	5
陽入	5	1

〈例〉陰入：翕 hip^3　　翕翕 hip$_5$ hip^3　　七 ts^{h}it^3　　七發 ts^{h}it$_5$ huat^3

　　　　陽入：十 tsap^5　　八 tsap$_1$ pe?$_3$z　　六 lak^5　　六國 lak$_1$ kɔk^3

通行腔「變調規則」如下：

陰入調　　3 ━━━━▶ 5

陽入調　　5 ━━━━▶ 1

（四）陰入調、陽去調和入陽調音階表示的選擇與確定：

一般通行腔的陽入調以 5 代表，只是宜蘭腔的陽入調較低，經田野調查十多位 60 到 88 歲的長者，發現與陽去調在同一音階，因此，不可能用 5 代表；然而，是用一個 3 或 33 代表較適當？

宜蘭腔「陽去和陽入」的調值，學者專家多認為若以五段分法，應同屬 33 與 3，陰入無理由仍用 3 來表示；若陰入調仍以 3 來表示，宜蘭腔的陰入與陽入將有辨義衝突的問題，書面將無法表示兩音的不同。然而，陰入調是中降短調，若以 31 標示，可讓調值更清楚，稱「中促調」以與「低促調」分辨。這樣，陽入調用 33 標示，可表示陽入調的音階等同於陽去調的特殊性，入聲的部分由韻尾-p, -t, -k 來區分，稱「中平促調」。

例如：骨 kut^{31} 與滑 kut^{33}，漆 ts^{h}at^{31} 與竊 ts^{h}at^{33}，若不明確標音，其記錄將造成非熟悉本地音者，在語音辨義上的困惑，同時產生入聲陰陽不分的現象。所以，筆者認為頭城腔的陰入調用 31，陽入調用 33 來表示比較妥當，才能從書面上的表示清楚辨別其音階的不同。

綜上所述，以最簡原則來表示音調的高低：

陽入調音值=陽去調音值 33，只是有無韻尾-p, -t, -k 之分。其中，喉陽入調的侯塞音脫落，併入陽去調；陰入調音值是中降調 31 與陽入調音值 33 清楚分割。

（五）上聲調音階的選擇與確定：

上聲調音階有採用 51 或 53 標記者，到底用何種標記較妥當，筆者選本調是陰去的雙疊詞或名詞，前一字轉調為陰上（先以傳統一般性的標記 53），後一字保持本調的語音，藉以做語音的比對、鍾榮富的研究數據和簡上仁的研究來做說明，並舉列數位先進學者的採用標記做參考，同時，對照隨前變調的語音律動進程及以音位的觀念來做探討。

1. 如 4, 4[si$_{53}$si^{11}]，（感覺）吐吐[t^{h}ɔ$_{53}$ t^{h}ɔ^{11}]，（行儀）放放[hɔŋ$_{53}$ hɔŋ^{11}]，

（面）變變[pĩ53 pĩ11]，算數[suĩ53 siau11]，送貨[saŋ53 hue11]，做戲[tso53 hi11]

（食）夠夠[kau53 kau11]，（看）過過[kue53 kue11]，臭屁[tsʰau53 pʰui11]。顯然，變調的陰上與本調的陰去，有音調位階的差距-以音值的理解來處理。

2. 其次，簡上仁在「台灣福佬語聲調譜」〔註6〕，對台閩語聲調的上聲與陰去的描述：

> （二）第二聲（陰上）：唱名符號為 <u>mr</u>
> 從「E」處向下滑大二度，發音為 *mi-re*，由強而弱，停在五線譜第二第四線「D」的位置，m 下行滑到 r 共一拍。
> （三）第三聲（陰去）：唱名符號為 s,或 l,
> 為福佬語聲調裡的最低音者。發音為 *so* 時，置於五線譜第二線「G」的位置；發音為 la 時，置於五線譜第二間「A」的位置；均為一拍。

3. 鍾榮富在《台語的語音基礎》〔註7〕，將其在 MIT（美國麻省理工學院）的語音實驗室所做的研究數據如下表：

	平均值	頻率起點	頻率終點
a.	55	220	220
b.	13	137	183
c.	31	183	143
d.	33	180	170
e.	53	210	163

由以上數據，顯示 53 的頻率終點高於 31 的頻率終點，既然以最簡原則來表示陰去，即用 11 表示。同時，從實際的音值在變調與本調的表現上和簡上仁在音譜的研究上，也顯示從本調為陰去的語詞，變調後，明顯達不到陰去本調的音階，在上聲調之後緊接的陰去調明顯比上聲調的結尾音還低。

4. 目前學者對上聲的五階分法，有下列情形：

學　　者	上　聲　調
張振興	53
董忠司	53

〔註6〕簡上仁（2001：17-18）。

〔註7〕鍾榮富（2002：4）。

洪惟仁	41
楊秀芳	53
張屏生	51
鐘榮富	53

以上 6 位盛名學者，有 4 位使用 53 為註記陰上調值。顯然，53 的調值是用儀器測得出來的表層結構的描述。洪惟仁（1987：10）：

> 我認為研究調位應該根據音位論的基本方法，採用「比較法」，而不是「平均法」，也就是趙元任所謂的「相對的，不是絕對的，用不著像音樂裏分得那麼細。」

謝國平（2005：86）：

> 可以說，超音段要素是某一項目本身在音調（pitch），音強（loudness）及長度（duration）上的相對值。其絕對值，如頻率或 dB 數值，並不重要。比方說，男人所說的「媽、麻、馬、罵」四聲和小孩子所說的同樣四聲在絕對值上是不同的，小孩子語音的頻率通常比較高，但是兩者所表的語意是一樣的。因此絕對的物理數值在語異系統的運作上並不重要。

因此，從另外一個角度來考慮，教會羅馬字的合口音標-oa 和-oe，經過大多數的語言學家一番冗長的討論後，以「音位的觀念」來考量，改為目前使用的台羅版-ua 和-ue，譬如：歌 koa>kua，因其

> 合口介音在非高元音-e，-a 前面的音值的確是接近[o]。不過如果從音位的觀念來看，[-u-]和[-o-]兩個介音音值是同位音，不能用兩個音符標示。〔註 8〕

同樣的理論，調值 53 是否也應改成 51 才符合深層結構的描述？從隨前變調的例子來看，姓朱个[tsu^{55}·e$_{55}$]，姓洪个[aŋ^{13}·ŋẽ$_{33}$]，姓趙个[tio^{33}·e$_{33}$]。若姓馬个用[be^{51}·e$_{11}$]來標記，應該更能依「音位的觀念」將「語調的律動方向」顯現出來，讓語流的動態，從看記音就可感覺出。例如：快一點講「緊呢」kin^{51}·nẽ$_{11}$、灰色講「殕个」p^{h}u^{51}·e$_{11}$、黑色講「烏个」ɔ^{55}·e$_{55}$、熟的講「熟个」sik^{33}·ge$_{33}$、銅的講「銅个」taŋ^{13}·ŋẽ$_{33}$，頭城腔完全符合此規則。或從先前兩連續變調的例子來看，改 53 為 51：

〔註 8〕 洪惟仁，〈音位學〉，《比較音韻學講義》，頁 9-1。
　　　　 資料來源：http://www.uijin.idv.tw/ 比較音韻學講義教材。

4, 4[si$_{51}$si^{11}]，（感覺）吐吐[t^{h}ɔ$_{51}$ t^{h}ɔ^{11}]，（行儀）放放[hɔŋ$_{51}$ hɔŋ^{11}]，（面）變變[pĩ$_{51}$ pĩ^{11}]，算數[suĩ$_{51}$ siau^{11}]，送貨[saŋ$_{51}$ hue^{11}]，做戲[tso$_{51}$ hi^{11}]，（食）夠夠[kau$_{51}$ kau^{11}]，（看）過過[kue$_{51}$ kue^{11}]或臭屁[ts^{h}au$_{51}$ p^{h}ui^{11}]；其語流音變的律動的記錄才會生動，方向才會明確。因此，以 51 來標記，陰去的連續變調和隨前變調的標記一致性就形成了，也證明爲什麼後面的 e 的調值會是 11 的原因，這裡顯示出用 51 標記更能表示語音律動方向能到達 11 的優越性。因此，本文選擇與張屛生相同，以 51 標記上聲調。張屛生在〈母語教學面面觀〉中，也有清楚的解釋。〔註9〕

芬：可是爲什麼相同的聲調，所定出來的調值會有不同？比如説：閩南話的第二聲和第五聲，大部分的人都定成 53、24，老師怎麼會定成 51、13 呢？

生：「五度記調法」從根本上説並不是對客觀物理量的描寫，而是通過人的耳朵得出來的，對實際音高間接帶有相當模糊性的描寫。用五度記調法來記錄聲調，應該要有調位（指聲調語言中因聲調不同而引起意義差別的音位）的觀念，而不是機械的操弄相對音高在五度上的表現。

……當然記成 51 或 53，理論上沒有什麼差異。但是從它的變調規則來看，是可以看出優劣。例如：1.「假个」ke53＝e33、2.「假个」ke51＝e11，上述例子中的「个」是隨前變調輕聲，它的傳調規則是把詞根的調尾傳佈到「个」音節上。根據我的調查的經驗，大多數的台灣人都唸第 2 種，所以我才把第二聲定爲 51。

（六）陽平調音階的選擇與確定：

生：……第五聲的情況也是這樣，例如：1.「紅个」aŋ$_{22}$＝e$_{44}$ 2.「紅个」aŋ$_{11}$＝e$_{33}$，大多數台灣人都唸第 2 種，所以我才把第五聲定爲 13。〔註10〕

其實，頭城腔或大家所熟知的宜蘭腔，都唸成如下的情況：

「紅个」aŋ^{13}＝e$_{33}$、「銅个」taŋ^{13}＝e$_{33}$、「橫个」huãi^{13}＝e$_{33}$、姓「洪个」aŋ^{13}＝e$_{33}$、同姓者講「同个」toŋ^{13}＝e$_{33}$、同年紀講「同年个」taŋ$_{33}$ nĩ^{13}＝ẽ$_{33}$，因此，陽平的音階 13 更能表現出語流律動方向的結束和隨前變調的語音是相同的，在這種

〔註 9〕 張屛生（2003：8）。
〔註10〕 同上。

情形下，陽平第五聲使用 13 更是恰當不過。

（七）其他，陰平調、陰去調並無差異性，其標記方式與一般通行腔相同。亦即陰平調用 55 表示、陰去調 11 表示。另外，上聲陰陽不分，僅以上聲記註。職是之故，本文的頭城聲調對應標示如下：

表 3-2：頭城腔聲調對應表

調　類	陰平	上聲	陰去	喉陰入	陰入	陽平	陽去	喉陽入	陽入
調類代碼	1	2	3	4	4	5	7	8	8
本　調	55	51	11	31	31	13	33	33	33
變　調	33	55	51,55	55,51	55	33	11	11	11

四、其他符號說明

本論文中可能使用的符號，如下所列：

1. ＞：表示「…變成…」，例如〈同音字表〉中 31>51 或 31>55，表示音調的本調，變調時的變化。

2. ～：單獨使用不加韻母時，表示省字符號，例如「淡」（鹹~），表示「淡」字的省略。但若標示在元音上方，則表示鼻化韻，如：「圓仔」ĩ$_{33}$ ã^{51}。

3. [ ]：音值符號，音標標示於方括弧中，表示音值，例如酸[suĩ^{55}]，該符號有時省略不做標記。

4. / /：音位符號，標示於雙斜線中的音標，表示音位，例如/p/表示 p 是一個音位，該符號亦可能省略不標示出來，直接寫 p。

5. □：表示在〈音節表〉和〈同音字表〉中有音義，但無合適之漢字。

6. R.：表示在〈音節表〉和〈同音字表〉中的文讀音。

7. C.：表示在〈音節表〉和〈同音字表〉中的白讀音。

8. T.：表示在〈音節表〉和〈同音字表〉中的替代字，包括訓讀字、方言俗字。

9. 數字的上標與下標：在語彙的語音標示，如報紙 po$_{51}$ tsua^{51}，下標表示變調，上標表示本調。

10. 在語彙稿中，（書）表示書面語，（口）表示口語；（文）表文讀音，（白）表白讀音。

11. ＝：表示隨前變調。引用文獻時，可能會出現「＝」。

12. 其他臨時使用的符號，則隨文標註，加以說明。

第四章　頭城台語的音韻系統

　　宜蘭縣頭城鎮的音韻系統，經過直接調查 28 位老中青的發音後，認為必須以老年層發音人為主，才得以將原頭城腔的音韻系統完整保留下來。因此，本章節主要針對頭城台閩語的語音系統、音系特點、部分詞彙-含特殊字「省」、「直」和「盡」-的特殊音讀及頭城台閩語的特殊詞彙四部份進行探討，期盼能將其音韻系統作完整的介紹。

第一節　語音系統

一、聲母系統

　　頭城台語共計十八個聲母，仍保留 /dz/ 聲母，如「日頭」dzit₁₁ tʰau¹³、「豆乳」tau₁₁ dzi⁵¹、「寫字」sia₅₅ dzi³³、「木耳」bɔk₁₁ dzi⁵¹、「自然」tsu₁₁ dzian¹³，這一點和北台灣的偏泉腔，如台北市大稻埕的同安腔或一般的海口腔沒有 /dz-/ 不同。以下分別以「頭城台語聲母表」、「聲母舉例」及「聲母說明」三種方式介紹如下：

（一）頭城台語聲母

表 4-1：頭城台語聲母表

發音發法		發音部位	雙　唇	舌　尖	舌　根	喉
塞　音	無聲（清）	不送氣	p	t	k	ʔ
		送氣	pʰ	tʰ	kʰ	
	有聲（濁）		b		g	
塞擦音	無聲（清）	不送氣		ts		
		送氣		tsʰ		

	有聲（濁）			dz	
鼻　音	有聲（濁）	m		n	ŋ
閃　音	有聲（濁）			l	
擦　音	無聲（清）			s	h

（二）聲母舉例

p	扒 pe⁵⁵	飽 pa⁵¹	飯 puĩ³³	豹 pa¹¹	扁 pĩ⁵¹
pʰ	芳 pʰaŋ⁵⁵	捧 pʰaŋ¹³	漂 pʰio³³	皮 pʰue¹³	噴 pʰun¹¹
b	梅 bue¹³	賣 be³³	米 bi⁵¹	舞 bu⁵¹	文 bun¹³
m	媽 mã⁵¹	罵 mẽ³³	麵 mĩ³³	鰻 muã¹³	名 miã¹³
t	東 taŋ⁵⁵	銅 taŋ¹³	丈 tĩu³³	腸 tŋ̍¹³	同 toŋ¹³
tʰ	挑 tʰio⁵⁵	頭 tʰau¹³	跳 tʰiau¹¹	槌 tʰui¹³	恥 tʰi⁵¹
n	藍 nã¹³	爛 nuã³³	貓 niãu⁵⁵	卵 nuĩ³³	讓 nĩu³³
l	梁 liŋ¹³	老 lau³³	來 lai¹³	留 lau¹³	龍 liŋ¹³
k	狗 kau⁵¹	基 ki⁵⁵	龜 ku⁵⁵	金 kim⁵⁵	雞 ke⁵⁵
kʰ	開 kʰui⁵⁵	欽 kʰim⁵⁵	空 kʰaŋ⁵⁵	款 kʰuan⁵¹	勸 kʰuĩ¹¹
g	嚴 giam¹³	吳 gɔ¹³	戇 gɔŋ³³	牙 ge¹³	語 gi⁵¹
ŋ	雅 ŋã⁵¹	藕 ŋãu³³	攃 ŋiãu⁵⁵	伍 ŋɔ̃⁵¹	硬 ŋẽ³³
ts	針 tsam⁵⁵	志 tsi¹¹	做 tso¹¹	早 tsa⁵¹	姊 tsi⁵¹
tsʰ	炒 tsʰa⁵¹	揣 tsʰue³³	伸 tsʰun⁵⁵	蔡 tsʰua¹¹	娶 tsʰua³³
s	隨 sui¹³	松 siŋ¹³	生 sẽ⁵⁵	誠 siŋ¹³	栓 suĩ³³
dz	而 dzi¹³	餌 dzi³³	任 dzim³³	字 dzi³³	熱 dzua³³
h	雲 hun¹³	橫 huãi¹³	皇 hoŋ¹³	風 hɔŋ³³	火 hue⁵¹
ʔ	窯 io¹³	永 iŋ⁵¹	湖 ɔ¹³	位 ui³³	贏 iã¹³

（三）聲母說明 〔註1〕

p： 為雙唇不送氣的清塞音。發音時雙唇自然閉合再打開，不振動聲帶，
不送氣。其音位符號以 /p／ 為代表。同時，/p/亦可做輔音韻尾。

IPA：Voiceless bilabial plosive

pʰ：為雙唇送氣的清塞音。發音部位與 /p／ 相同，但發音時要送氣，不

〔註1〕 資料主要參考李勤岸《台灣羅馬字——拼音圖解》（2007：31-69）、楊秀芳《台
灣閩南語語法稿》（2000：24-25）、鍾榮富《台語的語音基礎》（2002：11-46）、
IPA 手冊（1999）整理而成。

振動聲帶。

　　IPA：Voiceless aspirated bilabial plosive

b：為雙唇不送氣的濁塞音。發音時雙唇自然閉合，用較強的氣流突然衝破阻礙所行程的類似爆裂聲。

　　IPA：Voiced bilabial plosive

m：為雙唇濁鼻音。發音部位與 /p/或/pʰ/ 相同，但氣息由鼻腔出來。由於/m/可自成獨立音節，也有辨義；又可作為韻尾輔音使用，本文將之視同/p/一樣，是一獨立的輔音。標音時，/m/ 後面的韻母，一律將鼻化符號「~」標示出來，不予省略。

　　IPA：Voiced bilabial nasal

t：為舌尖不送氣的清塞音。發音時，雙唇微張，舌尖抵住上後齒齦，不送氣，不振動聲帶。/t/ 也可做韻尾使用。

　　IPA：Voiceless dental or alveolar plosive

tʰ：為舌尖送氣的清塞音。發音部位與 /t-/ 相同，但發音時，雙唇微張，送氣，不振動聲帶，亦為破裂音。

　　IPA：Voiceless aspirated dental or alveolar plosive

ts：為舌尖不送氣清塞擦音。發音時舌尖抵住上牙床構成阻礙，不送氣，不振動聲帶。

　　IPA：Voiceless dental or alveolar affricate

tsʰ：為舌尖送氣的清塞擦音。發音部位與 /ts/ 相同，但發音時要送氣，不振動聲帶，用舌尖前端抵住上牙床，使氣息衝出。

　　IPA：Voiceless aspirated dental or alveolar affricate

s：為舌尖清擦音。發音時雙齒緊閉，雙唇微開，舌面前抵住前硬顎，不振動聲帶，氣息由齒間摩擦而出。

　　IPA：Voiceless alveolar affricate

dz：為舌尖齒齦濁塞擦音。發音部位同/ts/，舌尖抵住上牙床，氣息受舌尖和牙床的阻塞而成，但須振動聲帶。偏漳的頭城音依然保存此音 。

　　IPA：Voiced alveolar affricate

l：為舌尖齒齦濁音〔註2〕。發音時舌尖與齒齦輕觸急閃，具有持續的特性，也有「塞音化」傾向，發音介於/l/和/d/間，本文仍以傳統的音位

〔註 2〕鍾榮富（2002：15-17），可以肯定的是閩南語的[l]並非邊音。

符號 /l/ 爲代表。

　　IPA：Voiced dental or alveolar tape

n： 爲舌尖濁鼻音。發音部位是舌尖抵住上齒齦，但氣息和音由鼻腔出來，振動聲帶發鼻音。如英語一樣是輔音，也可作輔音韻尾使用。因此，本文將之獨立處理。

　　IPA：Voiced dental or alveolar nasal

k： 爲舌根不送氣清塞音。發音時舌後部上升與觸及軟顎，閉住鼻腔，使氣息由喉部爆發出來，不振動聲帶，亦不送氣。/k/ 亦是輔音韻尾。

　　IPA：Voiceless velar plosive

kʰ：爲舌根送氣清塞音。其發音部位與 /k/ 相同，但發音時要送氣、聲帶不振動。

　　IPA：Voiceless aspirated velar plosive

g： 爲舌根不送氣濁塞音。發音時舌後抵軟顎，振動聲帶，聲音自口中彈出。

　　IPA：Voiced velar plosive

ŋ： 爲舌根鼻音。雙唇張開度比/n/大，發音時舌根往軟顎提升，氣息半由鼻腔發出，半由口腔發出，且振動聲帶。由於/ŋ/可自成獨立音節，也有辨義；又可作爲韻尾輔音使用，本文將之視同/g/一樣，是一獨立的輔音。標音時，/ŋ/ 後面的韻母，一律將鼻化符號「～」標示出來，不予省略。

　　IPA：Voiced velar nasal

h： 爲喉部清擦音。發音部位在聲門，氣由喉部聲門摩擦而出，發音時，不振動聲帶。

　　IPA：Voiceless glottal fricative

ʔ： 表示零聲母〔註3〕。發音時，口張開，氣流湧至喉頭即止住。台語的語音在零聲母之前，會插入一個喉塞音。因此，以喉塞音/ʔ/表示零聲母，但依傳統不書寫。當/ʔ/置於韻尾時，發音會即時止住，是爲喉塞音，以/ʔ/符號書寫表示。

　　IPA：Glottal plositive & Glottal stop

〔註 3〕 鍾榮富（2002：18-19）；另外，[ɸ]在 IPA 有其他的意義，本文不以此表示零聲母。

頭城台閩語的聲母，本文主張將 m、n、ŋ 獨立出來，讓理論與實際相符合。因此，共有十八個聲母。

二、韻母系統

在韻母方面，頭城老年層有 a、o、ɔ、e、i、u 六個口元音，ã、ɔ̃、ẽ、ĩ 四個鼻化元音；i、u 兩個介音，-i、-u 兩個元音韻尾又稱「陰聲韻尾」、三個鼻音韻尾 m、n、ŋ，又稱「陽聲韻尾」和四個塞音韻尾 p、t、k、ʔ，又稱「入聲韻尾」等相互結合而成，此外還有 m̩、ŋ̍ 兩個獨立輔音音節，都是鼻音。分別表列說明如下：

（一）韻母表

1. 韻母排列表

表 4-2：頭城台語韻母排列表

	陰　聲　韻			鼻　化　韻			陽　聲　韻		
開口	a 巴	ai 擺	au 包	ã 衫	ãi 揹	ãu 鬧	am 甘	an 陳	aŋ 帆
	o 歌								
	ɔ 圖			ɔ̃ 摩			ɔm 森		ɔŋ 王
	e 買			ẽ 青					
齊齒	i 基		iu 油	ĩ 邊		ĩu 香	im 音	in 因	iŋ 中
	ia 車		iau 嬌	iã 驚		iãu 貓	iam 閹	ian 仙	
	io 腰								
合口	u 輸	ui 瑰			uĩ 遠			un 吞	
	ua 拖	uai 乖		uã 碗	uãi 關			uan 專	
	ue 杯			uẽ 妹					
	韻　化　鼻　音								
	m̩　毋								
	ŋ̍　湯								

由表 4-2 可知，舒聲韻共計 43 個。其中包括陰聲韻 16 個，鼻化韻 13 個，韻化鼻音 2 個，以及鼻尾韻 12 個。比一般的理解，少了 iaŋ、iɔŋ 和 uaŋ 三個韻。這是因為目前頭城的老年層，iaŋ 和 iɔŋ 的韻母仍然全歸於 iŋ 韻。例如：涼 liŋ¹³、響 hiŋ⁵¹、中 tiŋ⁵⁵ 等等。審視漳泉州音的韻書〔註4〕，並未發現經韻、

〔註 4〕馬重奇《閩台閩南方言韻書-比較研究》、沈富進《彙音寶鑑》等。

恭韻和姜韻同歸於經韻的現象，足見頭城腔在此韻，是特別的與眾不同。至於 uaŋ 韻，在訪談期間，並未發現有相對應的語彙。若加入中年層也有的恭韻 ioŋ，則有舒聲韻 44 個。

2. 入聲韻母排列表

表 4-3：頭城台語入聲韻母排列表

	喉 塞 入 聲 韻		鼻化喉塞入聲韻			入聲韻尾 p、t、k		
開口	aʔ 百	auʔ 軮	ãʔ 唅	ãiʔ 凹	ãuʔ 卯	ap 十	at 達	ak 北
	oʔ 噪		ɔ̃ʔ 擤			ɔp 擙		ɔk 谷
	eʔ 八		ẽʔ 挾					
齊齒	iʔ 鐵	iuʔ 搰	ĩʔ 曬			ip 急	it 直	ik 捽
	iaʔ 壁	iauʔ 蕨	iãʔ 抐		iãuʔ（聲）	iap 涉	iat 設	
	ioʔ 尺							
合口							ut 骨	
	uaʔ 闊						uat 罰	
	ueʔ 說							
	韻 化 鼻 音							
	m̩ʔ 噷							
	ŋ̍ʔ 哼							

三、由表 4-3 可知，入聲韻共計 33 個。其中包括喉塞入聲韻 11 個，鼻化喉塞入聲韻 8 個，韻化輔音喉塞入聲韻 2 個，以及 -p、-t、-k、-ʔ入聲韻尾 12 個。若加入中年層普遍已有的-iɔk 韻，則入聲韻有 34 個。

三、聲調系統

（一）基本調

頭城台閩語的聲調系統，有其獨特的語調和變化，但基本上仍只有七個基本調，如表 4-6 所列：

表 4-4：頭城台語基本調類表

調類	陰平	上聲	陰去	喉陰入	陰入	陽平	陽去	喉陽入	陽入
調類代碼	1	2	3	4	4	5	7	7	8
本調調值	55	51	11	31	31	13	33	33	33
例字	獅 sai^{55}	虎 hɔ^{51}	豹 pa^{11}	鱉 piʔ^{31}	虱 sat^{31}	龍 liŋ^{13}	象 tsʰĩu^{33}	舌 tsi^{33}	鹿 lɔk^{33}
變調	33	55	51 55	51 55	55	33	11	11	11

說明：

　　依最簡原則，趙元任認爲在一個音系裏的音位的總數以少爲貴（趙元任，2001：31）。依此理論，本文的聲調的標記，採趙元任的「五度標記法」標記。但是，只取 1、3、5 來做相對音的標記，主要是以容易理解和辨識爲主。畢竟，聲調這種東西是一種音位，音位最要緊的條件就是這個音位跟那個音位不混就夠（趙元任，2001：61-62）。

　　1. 陰平調是高平調，以 55 表示其音值。

　　2. 上聲是高降調，其音由高下降，爲顯示語音的律動方向，以 51 表示其音值。

　　3. 陰去調的調值，雖然在音節末端有下降情況，還是標記爲 11。

　　4. 陰入調是中降促調，由於頭城腔的特殊性，仍以兩個數字標記其音值的眞實性。也就是以 31 表示其音值。

　　5. 陽平調是低升調，以 13 表示其音值。

　　6. 陽去調是中平調，用 33 來描寫。

　　7. 頭城陽入調是非常特殊的促調，不像一般的高促調，卻與陽去調的調值雷同，只是長調、促調的不同，和喉陽入同屬「匯入型合流」[註5]的現象。因此，本文稱之爲中平促調或中平陽入調，和陽去調一樣，以 33 來描寫其音值的眞實性。

　　8. 喉陽入歸陽去調，喉塞音音調值由 55 下降至 33，喉塞音不顯，變成和陽去調相同，變調規則也相同。例：白 pe^{33}、石 tsio^{33}、葉 hio^{33}、食 tsia^{33}；若是台南台閩語則講白 peʔ^{55}、石 tsioʔ^{55}、葉 hioʔ^{55}、食 tsiaʔ^{55}，屬傳統陽入

〔註5〕洪惟仁（1997a：411）。

調。

9. 標記調值時，依張屏生數字標記法，採縮小字型的阿拉伯數字於上、下標，上標表示該音節的本調，下標表示該音節的變調。例如：「頭圍」t^hau_{33} ui^{13}。

（二）連續變調

聲調語言的兩個或兩個以上音節連在一起時，音節所屬調類的調值有時會產生變化，這種現象稱為「連續變調」[註6]。

頭城台閩語的前字轉調規則如下：（>之前為本調，>之後為變調）

表 4-5　連續變調表

	陰　平	上　聲	陰　去	陰入（中降促調）
頭城台語	55 > 33	51 > 55	11 > 51 11 > 55	-p、-t、-k　31 > 55 -ʔ　31 > 51；55

	陽　平	陽　去	陽入（中平促調）
頭城台語	13 > 33	33 > 11	-p、-t、-k　33 > 11 喉塞音歸陽去

說明：

1. 陰平調 55，變調變為中平調 33，與一般台閩語的變調規則相同。

2. 上聲調為高降調 51，變調變為陰平調 55，與一般台閩語的變調規則相同。

3. 陰去調 11，主要變調後為上聲高降調 51；但也有陰去調 11 轉為陰平調 55 的情形如下：

1）指幼小、細小或意象小化之意，並以「仔」當詞嵌或詞尾的名詞

序號	字　彙	音　值	語　彙	音　值	備　註
1	豹	pa^{11}	豹仔囝	pa_{55} a_{55} $kiã^{51}$	幼豹
2	兔	$t^hɔ^{11}$	兔仔囝	$t^hɔ_{55}$ a_{55} $kiã^{51}$	幼兔
3	店	$tiam^{11}$	茶店仔	te_{33} $tiam_{55}$ $mã^{51}$	泡茶聊天的店
4	痱	pui^{11}	痱仔	pui_{55} a^{51}	痱子

[註6] 林燾、王理嘉（2006：157）。

5	鑽	$tsui\tilde{}^{11}$	鑽仔	$tsui\tilde{}_{55}$ $\tilde{a}^{51}$	鑽子
6	秤	ts^hin^{11}	秤仔	ts^hin_{55} $n\tilde{a}^{51}$	秤
7	厝	ts^hu^{11}	厝仔	$ts^hu_{55}a^{51}$	小房子
			樓梯厝仔	lau_{33} t^hui_{33} ts^hu_{55} a^{51}	頂樓樓梯空間
8	擋	$tɔŋ^{11}$	擋仔	$tɔŋ_{55}$ $ŋ\tilde{a}^{51}$	剎車
9	鋸	ki^{11}	鋸仔	ki_{55} a^{51}	鋸子
10	架	ke^{11}	架仔	ke_{55} a^{51}	架子
11	布	$pɔ^{11}$	白布仔	pe_{11} $pɔ_{55}$ a^{51}	小片白布
12	鏡	$ki\tilde{a}^{11}$	鏡仔	$ki\tilde{a}_{55}$ $\tilde{a}^{51}$	小鏡子
13	幼	iu^{11}	餅幼仔	$pi\tilde{a}_{55}$ iu_{55} a^{51}	餅乾屑
			紙幼仔	$tsua_{55}$ iu_{55} a^{51}	碎紙片
14	碎	ts^hui^{11}	布碎仔	$pɔ_{51}$ ts^hui_{55} a^{51}	碎布片
15	蒜	$suan^{11}$	蒜仔	$suan_{55}$ $n\tilde{a}^{51}$	大蒜
16	罐	$kuan^{11}$	罐仔	$kuan_{55}na^{51}$	罐子
17	灌	$kuan^{11}$	風灌仔	$hɔŋ_{33}$ $kuan_{55}$ $n\tilde{a}^{51}$	打氣筒
18	扇	$si\tilde{}^{11}$	扇仔	$si\tilde{}_{55}$ $\tilde{a}^{51}$	小扇子
19	印	in^{11}	印仔	in_{55} $n\tilde{a}^{51}$	印章
20	戲	hi^{11}	做戲仔	tso_{51} hi_{55} a^{51}	演員
21	套	t^ho^{11}	套仔	t^ho_{55} a^{51}	套子
22	細	se^{11}	細細仔	se_{51} se_{55} a^{51}	小小的
23	句	ku^{11}	一句仔話	$tsit_{11}$ ku_{55} a_{55} ue^{33}	一句話
24	蓋	kua_{11}	細个蓋仔	se_{51} e_{33} kua_{55} a^{51}	小的蓋子
25	閂	$ts^hu\tilde{a}_{11}$	門閂仔	$mui\tilde{}_{33}$ $ts^hu\tilde{a}_{55}$ $\tilde{a}^{51}$	小門閂
26	傘	$su\tilde{a}_{11}$	細枝傘仔	si_{51} ki_{33} $su\tilde{a}_{55}$ $\tilde{a}^{51}$	小枝傘
27	褲	$kɔ^{11}$	細領褲仔	se_{51} $ni\tilde{a}_{55}$ $kɔ_{55}$ a^{51}	小件褲子
			開骹褲仔	k^hui_{33} k^ha_{33} $kɔ_{55}$ a^{51}	幼兒開檔褲
28	販	$huan^{11}$	販仔	$huan_{55}$ $n\tilde{a}^{51}$	中間商
			牛販仔	gu_{33} $huan_{55}$ $n\tilde{a}^{51}$	販牛中間商

2）偏正式的複合詞〔註7〕

序號	字　彙	音　值	語　彙	音　值	備　註
1	警	kiŋ¹¹	警察	kiŋ₅₅ tsʰat³¹	
			警告	kiŋ₅₅ ko¹¹	
2	檔	tɔŋ¹¹	檔案	tɔŋ₅₅ an¹¹	
3	桂	kui¹¹	桂竹仔筍	kui₅₅ tik₅₅ ga₅₅ sun⁵¹	桂竹筍
4	正	tsiã¹¹	正月	tsiã₅₅ gue¹¹	
5	注	tsu¹¹	注意	tsu₅₅ i¹¹	
6	戲	hi¹¹	戲弄	hi₅₅ laŋ³³	
7	化	hua¹¹	化去	hua₅₅ kʰi¹¹	火熄滅
8	吐	tʰɔ¹¹	吐氣	tʰɔ₅₅ kʰui¹¹	

3）其他

1. 暗 am¹¹　　例：欲暗仔 [bue₅₅ am₅₅ mã⁵¹]
2. 吊 tiau¹¹　　例：倒吊仔 [to₅₁ tiau₅₅ a⁵¹]

　　　註：

　　　a. 欲暗仔：黃昏未暗將暗時

　　　b. 倒吊仔：檳榔樹果實，其果實倒吊，味辛辣提神，每株數量只一、
　　　　二個。

4. 陰入調：為中降促調，音值31，變調時，陰入變調分兩類：

1）有輔音韻尾-p、-t、-k 的陰入調變成高促調音值55。

2）喉塞音-ʔ的陰入調，變調時會失去喉塞，一般變成和上聲調相同的高
　　降調51，少數例外會變成陰平調55。
　　　例如：佗 taʔ³¹>佗位 ta₅₅ ui³³、啥 sãʔ³¹>創啥潲 tsʰɔ ŋ₅₁ sã₅₅ siau¹³

5. 陽平調：為低升調，調值為 13，變調時變成和陽去調相同的中平調
33。

6. 陽去調：為中平調，調值為 33，變調時變成和陰去調相同的低平調 11。

7. 陽入調：為中平促調，調值為 33，變調時，陽入調變為：

1）有輔音韻尾-p、-t、-k 的陽入調變為低促調 11，由輔音韻尾的存在和
　　陰去調區分。

2）值得強調的是，一般台閩語的喉塞陽入調，在頭城台閩語裡，已歸入陽去調。

8. 頭城台語的變調規則圖解

1）長調變調規則　　　　　　　　　2）促調變調規則

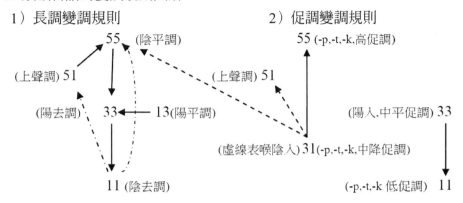

從上圖可以看出，頭城腔變調規則有個特徵，就是音調從低階變高階，高階變中偕，中階變低階的現象，大致可分成兩種類型：

1）下降型：高平調變中平調 55>33，如：甜甜 tĩ₃₃ tĩ⁵⁵

中平調變低平調 33>11，如：厚厚 kau₁₁ kau³³

中平促調變低促調 33>11，如：協力 hiap₁₁ lik³³

2）上升型：低平調變高降調 11>51，如：素素 sɔ₅₁ sɔ¹¹

低平調變高平調 11>55，如：架 ke¹¹>架仔 ke₅₅ a⁵¹

低升調變中平調 13>33，如：長 tŋ¹³>長衫 tŋ₃₃ sã⁵⁵

中降促調變高降 31>51，如：肉肉 ba₅₁ baʔ³¹

中降促調變高促調 31>55，如：礤 tsʰat³¹>礤仔 tsʰat₅₅ la⁵¹

本文以趙元任五段音階來描述調值，基本上，調值分三度音階變化，從 11，33，55 來描述，音域才夠寬、容易分辨所描述的語音，同時也求其方便和別人的記錄相比較。因此，本文以 1，3，5 三種數字標記方式來表達，也就是以[31]表陰入調〔註8〕，以[33]表陽入調的音值，由-p，-t，-k，-ʔ表入聲韻尾，藉以得到正確描述和相同的理解。

頭城台語自成一格，特別是促調變調規則，由於高促調和低促調只存在於變調狀況下。因此，中降促調和中平促調才是本調，高促調和低促調不是促調的本調，和一般台語高促調是本調，沒有中平促調的情形，各異

〔註8〕鍾榮富 （2002：引論 4）在 MIT 語音實驗室的研究數據。

其趣。

表 4-5：頭城台語變調舉例表

	陰平 55	陰上 51	陰去 11	陰入 31	陽平 13	陽去 33	陽入 33
陰平 55	冬瓜 taŋ$_{33}$ kue^{55}	修理 siu$_{33}$ li^{51}	冰庫 piŋ$_{33}$ khɔ^{11}	山谷 suã$_{33}$ kok^{31}	東門 taŋ$_{33}$ muĩ^{13}	花市 hue$_{33}$ tshi^{33}	三十 sã$_{33}$ tsap^{33}
陰上 51	海風 hai$_{55}$ hoŋ^{55}	小暑 siau$_{55}$ si^{51}	洗褲 se$_{55}$ khɔ^{11}	掌甲 tsiŋ$_{55}$ kaʔ^{31}	頂頭 tiŋ$_{55}$ thau^{13}	手液 tshiu$_{55}$ sio^{33}	96 kiu$_{55}$ lik^{33}
陰去 11	厝骹 tshu$_{51}$ kha^{55}	糞斗 pun$_{51}$ tau^{51}	相片 siŋ$_{51}$ phĩ^{11}	季節 kui$_{51}$ tsiat^{31}	茱蟲 tshai$_{51}$ thaŋ^{13}	趁食 than$_{51}$ tsia^{33}	快樂 tshui$_{51}$ lok^{33}
陰入 p.t.k ʔ 31	粟毛 tshik$_{55}$ mɔ̃^{55}	熨斗 ut$_{55}$ tau^{51}	得意 tik$_{55}$ i^{11}	失德 sit$_{55}$ tik^{31}	莿柴 phut$_{55}$ tsha^{13}	國事 kok$_{55}$ su^{33}	出業 tshut$_{55}$ giap^{33}
	鴨公 a$_{51}$ kaŋ^{55}	拍鼓 pha$_{51}$ kɔ^{51}	拆厝 thia$_{51}$ tshu^{11}	滴血 ti$_{51}$ hueʔ^{31}	鐵儂 thi$_{51}$ laŋ^{13}	八字 pe$_{51}$ dzi^{33}	赤翼 tshia$_{51}$ sik^{33}
陽平 13	台中 tai$_{33}$ tiŋ^{55}	楊柳 iŋ$_{33}$ liu^{51}	長銃 tŋ$_{33}$ tshiŋ^{11}	年節 nĩ$_{33}$ tseʔ^{31}	葡萄 po$_{33}$ to^{13}	同事 toŋ$_{33}$ su^{33}	暝日 mẽ$_{33}$ dzit^{33}
陽去 33	樹枝 tshiu$_{11}$ ki^{55}	豆乳 tau$_{11}$ dzi^{51}	麵炙 mĩ$_{11}$ tsia^{11}	豆粕 tau$_{11}$ phoʔ^{31}	象牙 tshĩu$_{11}$ ge^{13}	犯罪 huan$_{11}$ tsue^{33}	上捷 siŋ$_{11}$ tsiap^{33}
喉陽入歸陽去 33	食薰 tsia$_{11}$ hun^{55}	跋筊 pua$_{11}$ kiau^{51}	白露 pe$_{11}$ lɔ^{11}	落雪 lo$_{11}$ seʔ^{31}	石頭 tsio$_{11}$ thau^{13}	裂縫 li$_{11}$ phaŋ^{33}	活力 ua$_{11}$ lat^{33}
陽入 p.t.k 33	律師 lut$_{11}$ su^{55}	栗子 lak$_{11}$ tsi^{51}	業界 giap$_{11}$ kai^{11}	目色 bak$_{11}$ sik^{31}	墨盤 bak$_{11}$ puã^{13}	洩漏 siap$_{11}$ lau^{33}	協力 hiap$_{11}$ lik^{33}

四、語流音變的規則

各種語言都會因為發音的順利、協調和語意的辨義，發展出在語詞的語

前、語中或語尾產生音變或調變的狀況。如中國普通話的連續變調〔註9〕、如日語的音便規則〔註10〕有「濁音型音便」和「促音型音便」等等數種類型。閩南語也不例外，在變調方面，可分成前變型、後變型；在音變方面，有順同化（progressive assimilation）型、逆同化（regressive assimilation）型、合音型或稱異化（dissimilation）型〔註11〕。

　　在之前「音調系統」中，筆者整理出宜蘭頭城腔基本的變調規則和少數次要的特殊變調規則，由於頭城腔的喉陽入歸陽去，-p, -t, -k 陽入調的調值和陽去相同，導致所謂「額外變調」〔註12〕也和優勢腔有些差異，必須做一較詳盡的整理以資與優勢腔做一比對。

　　1. 變調方面

　　1-1 三連詞的變調規則屬於前變型

　　　　洪惟仁（1987：68）：

　　　　依照台語連詞規則，前字音較輕，末字音較重。而且前字讀變調，

　　　　末字讀本調。可見本調和重音有密切的關係，原則是本調必爲重音，

　　　　重音必爲本調。

三個相同的字連綿成詞時，最後一字維持本調，第二字依主聲調變調法變調，第一字會產生三種不同的音值：

　　　　1）中升調：本調是陰平、陽平、陽去和中平陽入者屬之，如：

　　　　　　酸-酸酸[suĩ₃₅-suĩ₃₃ suĩ⁵⁵]--------------（陰平）

　　　　　　鹹-鹹鹹[kiam₃₅-kiam₃₃ kiam¹³]-------（陽平）

　　　　　　外-外外[gua₃₅-gua₁₁ gua³³]-----------（陽去）

　　　　　　白-白白[pe₃₅-pe₁₁ pe³³]----------------（喉陽入歸陽去）

　　　　　　滑-滑滑[kut₃₅-kut₁₁ kut³³]-------------（中平陽入）

　　　　2）高平調：本調是上聲和陰入者屬之，如：

〔註9〕　林燾、王理嘉（1991：159-160），連續變調的類型。

〔註10〕音便（おんびん）とは、日本語の歴史上において、発音の便宜によって語
　　　　中・語末で起こった連音変化のことをいう（譯：所謂音便，在日語史上，
　　　　爲了發音的方便，在語中或語尾產生音的變化之謂。資料來源：日本維基網
　　　　站 http://ja.wikipedia.org/wiki/%E9%9F%B3%E4%BE%BF.

〔註11〕鍾榮富（2005：90-94），（音韻）規則的類別。

〔註12〕洪惟仁（1987：60）：所謂「額外變調」是指依規則不應變調而變調的「破格
　　　　變調」和主聲調已經依變調規則變調之後，因使用太過頻繁，又發生第二次，
　　　　乃至第三次變調的「再變調」。

好-好好[ho$_{55}$-ho$_{55}$ ho^{51}] ---------------- （上聲）

濕-濕濕[sip$_{55}$ -sip$_{55}$ sip^{31}] -------------- （陰入）

以上兩例雖有舒音和促音的差別，其變調後的音值基本上是相似的。

3）高降調：本調是陰去和喉陰入者屬之，如：

幼-幼幼[iu$_{51}$-iu$_{51}$ iu^{11}] ------------------- （陰去）

闊-闊闊[k^{h}ua$_{51}$-k^{h}ua$_{51}$ k^{h}ua$?^{31}$]-------- （陰入）

依上述情形，也可說除第一種外，第一字的變調規則是和第二字相同的，也就是依基本變調規則進行變調，按理，第一種才是屬於有別於基本變調規則的特殊變調方式。

1-2 輕聲調屬於後變型

謝國平（2005：84）：

> 國語裏卻有輕聲（意即非重音）與一般非輕聲的對立。……在國語語音系統裏，輕聲比較特殊，需要特別的注意，如母語並非國語，學習國語時輕聲更是需要刻意的學習方可。因爲「鴨頭」與「丫頭」、「蓮子」與「簾子」、「蛇頭」與「舌頭」等語詞對立間的不同，只是在於後一項第二字是唸輕聲而已。

張屛生（2007b：35-36）：

> 閩南話的輕聲比較複雜，它的判斷並不是從聲學效果，而是從語法結構來看。比方說「起厝」k^{h}i$_{55}$ ts^{h}u^{11}、「陳厝」tan^{13} ·ts^{h}u$_{11}$，從語音來看，這兩個詞彙中的「厝」都一樣，但是一個是唸本調（起厝），一個是唸輕聲（陳厝）。這主要是看「厝」前面的詞素有沒有變調來決定。如果前面那個字會變調，那後面那個字就會唸本調，如果前面那個字唸本調，那後面那個字就會唸輕聲。輕聲變調在閩南話當中有兩種唸法，一種是唸固定低降調，一種是唸隨前變調。

謝國平（2005：84）

> 聲調語（tone language）最主要的特徵是在詞彙的層次上，不單只音段（子音和母音）可以有辨義的功能，聲調的高低與變化也具有辨別單詞語意的功能。

台灣閩南語也是一種聲調語言，當然也具有這種特徵。這種前字都唸本調，後字爲輕聲調的詞彙，台語也是俯拾皆是。輕音的字有兩種情形，一種是固定低降調，一種是隨前字變調。統稱輕聲調，前者爲「固定調輕聲」，後者爲

「隨前變調輕聲」〔註13〕。但是，雖說是「隨前字變調」，實際上是以前字本調的律動方向為依歸來做結尾的動作，這是頭城腔（或可說是宜蘭腔）特有的規律，因此，我們討論輕聲調，不只看其變調的結果，還要看其語詞前後動態的律動方向。

1）固定輕聲調，調值固定為/11/，其前字是讀本調。如月份的唸法，以及一般的輕聲調，說明如下：

A. 月份「月」的唸法，在固定調輕聲中，常表現在月份的唸法上：

前字調	例	音　值	前字本調+「月」
陰平	三月	$sã^{55} \cdot gue_{11}$	55+11
上聲	九月	$kau^{51} \cdot gue_{11}$	51+11
陰去	四月	$si^{11} \cdot gue_{11}$	11+11
喉陰入	八月	$pue\textʔ^{31} \cdot gue_{11}$	31+11
陰入	七月	$tshit^{31} \cdot gue_{11}$	31+11
陽去	二月	$dzi^{33} \cdot gue_{11}$	33+11
陽入	六月	$lak^{33} \cdot gue_{11}$	33+11

B. 一般輕聲調，前一字是本調，後面的一個字或兩個字都是「固定調輕聲」，調值/11/。如：

開·開（打開）	$k^hui^{55} \cdot k^hui_{11}$	55+11
驚·死（嚇死）	$kiã^{55} \cdot si_{11}$	55+11
轉·來	$tuĩ^{51} \cdot nã_{11}$　或 $tun^{51} \cdot nã_{11}$	51+11
走·出·去	$tsau^{51} \cdot ts^hut_{11} \cdot k^hi_{11}$	51+11+11
過·去（經過）	$kue^{11} \cdot k^hi_{11}$	11+11
無·去（丟失）	$bo^{13} \cdot k^hi_{11}$	13+11
起·來	$k^hit^{33} \cdot la_{11}$	33+11
出·來	$ts^hut^{33} \cdot la_{11}$	33+11
過·來	$kue^{11} \cdot la_{11}$	11+11
爬·起·來	$pe^{13} \cdot k^hit_{11} \cdot la_{11}$	13+11+11

將字讀本調有一個意涵，就是語意的重點，如「九月」$kau^{51} \cdot gue_{11}$，所要

〔註13〕洪惟仁（1987：68）。

強調的是九，讓聽的人不會誤爲其他月份。「驚死」kiã$_{55}$·si$_{11}$，是強調被驚嚇；「驚死」kiã$_{33}$ si^{51} 是指被嚇而致死亡，兩者的語意是截然不同的。

2）「隨前變調輕聲」，調值隨前字的本調而變，變的方式卻是隨其前一字的本調調值的律動方向而變調。有詞尾「个」、詞尾「仔」和詞尾「矣」。

A. 詞尾「个」，隨其前一字的本調調值的律動方向而變調，如：

前字調	例	音　值	前字本調+「个」
陰　平	眞个	tsin^{55}·nẽ$_{55}$	55+55
上　聲	假个	ke^{51}·e$_{11}$	51+11
陰　去	幼个	iu^{11}·e$_{11}$	11+11
喉陰入	鐵个	t^{h}iʔ^{31}·e$_{11}$	31+11
陰　入	金色个	kim$_{33}$ sik^{31}·ge$_{11}$	31+11
陽　平	紅个	aŋ^{13}·ŋẽ$_{33}$	13+33
陽　去	大个	tua^{33}·e$_{33}$	33+33
喉陽入歸陽去	白个	pe^{33}·e$_{33}$	33+33
陽　入	熟个	sik^{33}·ge$_{33}$	33+33

陰平的律動方向是高平/55/，詞尾「个」也跟著以/55/結尾；上聲的律動方向是高降/51/，詞尾「个」也承接尾音，以/11/結尾；陰去的律動方向是低降/11/，詞尾「个」也承接尾音，跟著以/11/結尾；陰入的律動方向是中降促音/31/，詞尾「个」也同樣跟著以/11/結尾；陽去和陽入雖有舒音促音之分，其音值同樣是/33/，因此，「个」也跟著以音值/33/結尾。

B. 詞尾「仔」，人名後加的詞尾「仔」，也是「隨前變調輕聲」。

前字調	例	音　值	前字本調+「仔」
陰　平	阿珍仔	a$_{33}$ tin^{55}·nã$_{55}$	55+55
上　聲	阿土仔	a$_{33}$ t^{h}ɔ^{51}·a$_{11}$	51+11
陰　去	阿賜仔	a$_{33}$ su^{11}·a$_{11}$	11+11
喉陰入	阿卻仔	a$_{33}$ k^{h}ioʔ^{31}·a$_{11}$	31+11
陰　入	阿德仔	a$_{33}$ tik^{31}·ga$_{11}$	31+11
陽　平	阿桃仔	a$_{33}$ t^{h}o^{13}·a$_{33}$	13+33
陽　去	罔市仔	bɔŋ$_{55}$ ts^{h}i^{33}·a$_{33}$	33+33
喉陽入歸陽去	阿葉仔	a$_{33}$ hio^{33}·a^{51}	33+51*

陽　入	阿達仔	a$_{33}$ tat^{33} ·la^{51}	33+51*
	阿玉仔	a$_{33}$ gik^{33} ·ga^{51}	

　　人名後加的詞尾「仔」，基本上，也是隨前字本調的律動方向而變調以結尾，包括陽去調也是這樣。但是，在前一字是陽入調（含歸陽去調的喉陽入）的詞尾「仔」，卻是以/a/的本調收尾，沒有隨前字本調的律動方向而變調來結尾，是一例外，也和洪惟仁（1987：74）所記載的不同。

　　C. 詞尾「矣」，表示完成的詞尾「矣」，也是「隨前變調輕聲」。

前字調	例	音　值	前字本調+「矣」
陰　平	輸矣	su^{55} ·a$_{55}$	55+55
上　聲	走矣	tsau^{51} ·a$_{11}$	51+11
陰　去	有夠矣	u$_{11}$kau^{11} ·a$_{11}$	11+11
喉陰入	借矣	tsioʔ^{31} ·a$_{11}$	31+11
陰　入	漆矣	tsʰat^{31} ·la$_{11}$	31+11
陽　平	停矣	tʰiŋ^{13} ·ŋã$_{33}$	13+33
陽　去	用矣	iŋ^{33} ·ŋã$_{33}$	33+33
喉陽入歸陽去	學矣	o^{33}·a$_{33}$	33+33
陽　入	熟矣	sik^{33} ·ga$_{33}$	33+33

　　表示完成的詞尾「矣」，也是隨前字本調的律動方向而變調以結尾，規則整齊，無一例外。

　　2. 音變方面

　　兩字以上連讀語詞，常常造成讀音的改變，有時是前一個音段的發音影響後音段的發音，稱為順同化（progressive assimilation），有時是後面音段的發音影響前面音段的發音，稱為逆同化（regressive assimilation），甚至有些語詞產生異化（dissimilation），合音成另一個語音的現象。楊秀芳（2000：135）：

> 二字以上連讀時，常常造成讀音的改變，或者後字聲母受前字韻尾
> 輔音影響而變讀，或者後字聲母影響前字韻尾輔音，或者聲調發生
> 變化，或者因弱讀而產生聲韻調上的變化。

本文以發音變化類型，分為「順同化型」、「逆同化型」及「異化型」三部份

進行探討。

1）順同化型，後字聲母受前字韻尾輔音影響而產生音變，有五種情況：

A. 前字韻尾爲鼻化韻尾，使「仔」產生鼻化音。即：$-\tilde{x} + a > -\tilde{x}\tilde{a}$，$\tilde{x} = \tilde{i}$、$\tilde{a}$

例詞	音值	華語
楹仔	$\tilde{e}_{33}\ a^{51} > \tilde{e}_{33}\ \tilde{a}^{51}$	橫樑
盤仔	$pu\tilde{a}_{33}\ a^{51} > pu\tilde{a}_{33}\ \tilde{a}^{51}$	盤子
衫仔	$s\tilde{a}_{33}\ a^{51} > su\tilde{a}_{33}\ \tilde{a}^{51}$	上衣
圓仔	$\tilde{i}_{33}\ a^{51} > \tilde{i}_{33}\ \tilde{a}^{51}$	湯圓
燕仔	$\tilde{i}_{55}\ a^{51} > \tilde{i}_{55}\ \tilde{a}^{51}$	燕子

B. 前字韻尾爲鼻音 /-m、-n、-ŋ/ 時，使「仔」音產生 /m-、n-、ŋ-/ 聲母。即：$-m+a > -mm\tilde{a}$、$-n+a > -nn\tilde{a}$、$-ŋ+a > -ŋŋ\tilde{a}$，或 $-x+a > -xx\tilde{a}$，$x = m$、n、$ŋ$

例詞	音值	華語
坩仔	$kam_{55} + a^{51} > kam_{55}\ m\tilde{a}^{51}$	小缸
柑仔	$kam_{33} + a^{51} > kam_{33}\ m\tilde{a}^{51}$	橘子
扦仔	$ts^hiam_{55} + a^{51} > ts^hiam_{55}\ m\tilde{a}^{51}$	叉子
毯仔	$t^han_{55}\ a^{51} > t^han_{55}\ n\tilde{a}^{51}$	毯子
印仔	$in_{55}\ a^{51} > in_{55}\ n\tilde{a}^{51}$	印章
丸仔	$uan_{33}\ a^{51} > uan_{33}\ n\tilde{a}^{51}$	丸子
秤仔	$ts^hin_{55}\ a^{51} > ts^hin_{55}\ n\tilde{a}^{51}$	秤
霜仔	$s\dot{ŋ}_{33}\ a^{51} > s\dot{ŋ}_{33}\ ŋ\tilde{a}^{51}$	冰品
甕仔	$aŋ_{55}\ a^{51} > aŋ_{55}\ ŋ\tilde{a}^{51}$	甕

C. 前字韻尾爲入聲 /-p/、/-t/、/-k/ 時，使「仔」音聲母產生濁化 /b-/、/l-/、/g-/，即：$-p+a > -pb\tilde{a}$、$-t+a > -tl\tilde{a}$、$-k+a > -kg\tilde{a}$，或 $-x+a > -xy\tilde{a}$，$x = p$、t、k，$y = b$、l、g

例詞	音值	華語
盒仔	$ap^{33}a^{51} > ap^{33}ba^{51}$	盒子
蛤仔	$kap_{55}a^{51} > kap_{55}ba^{51}$	青蛙
菝仔	$pat^{33}a^{51} > pat^{33}la^{51}$	芭樂

掘仔	kut³³a⁵¹>kut³³la⁵¹	十字鎬
玉仔	gik³³a⁵¹>gik³³ga⁵¹	玉
竹仔	tik₅₅a⁵¹>tik₅₅ga⁵¹	竹子

　　爲了保持發音的連續性，後段音/a/必須和前一字的輔音韻尾連結，又因爲/a/是濁音，又影響前段音的輔音韻尾，使產生濁化，於是增生出來新的後段濁化輔音，讓發音器官順利連續、輕鬆和諧。但是，陰入的中降促調會變爲高促調/55/，配合/a/的本調/51/，使得調階從 55 再接 51，讓語流行進無礙。至於陽入調，可以使用本調/33/，由調階 33 接 5 再到 1，從 3 到 5 只有一階，語流仍然能行進無礙，因此，前一字要接「仔」本調 a⁵¹時，無法從第一字的尾音 1 直接跳接「仔」的前段音 5，必須是 55 或 33，才能順暢。

　　D. 前字韻尾爲入聲/-t/接固定型輕聲時，後面字的原聲母消失，變爲/l-/

例詞	音值	華語
出去	tsʰut³³·kʰi₁₁>tsʰut³³·li₁₁	出去
起去	kʰit³³·kʰi₁₁>kʰit³³·li₁₁	上去

　　E.前字韻尾爲喉陽入歸陽去者，後面字的原聲母消失，前韻母也產生變化。

| 例詞 | 音值 | 華語 |
| 落去 | lo³³·kʰi₁₁>lue₃₁·i₁₁ | 下去 |

　　2）逆同化型，後字聲母影響前字韻尾輔音而產生音變，大體上，可分兩種情況：

　　A. 前字爲喉塞入聲韻尾，加上「仔」尾，則喉塞入聲韻尾消失，同時，調變爲高平。

例詞	音值	華語
桌仔	toʔ³¹a⁵¹>to₅₅a⁵¹	桌子
鐵仔	tʰiʔ³¹a⁵¹>tʰi₅₅a⁵¹	鐵
索仔	soʔ³¹a⁵¹>so₅₅a⁵¹	繩子
格仔	keʔ³¹a⁵¹>ke₅₅a⁵¹	格子

　　B.當前字韻尾爲舌尖音/-n/、/-t/或/-ŋ/舌根音時，受到後字聲母的影響，與

雙唇音或舌根音組成連讀時，發音會產生逆同化現象，也就是/-n/、/-t/、/-ŋ/有可能會變爲/-m/、/-ŋ/、/-p/；而前字舌根音/-k/受後字舌尖音的影響，會變成爲/-t/。

B-1）/-n/、/-ŋ/前字受後字雙唇聲母影響而預先變成閉口鼻化韻尾/-m/

例詞	音值	華語
新婦	$sin_{33}pu^{33}>sim_{33}pu^{33}$	媳婦
散步	$san_{51}po^{33}>sam_{51}po^{33}$	散步
產婆	$san_{55}po^{13}>sam_{55}po^{13}$	產婆
新聞	$sin_{33}bun^{13}>sim_{33}bun^{13}$	新聞
頇顢	$han_{33}ban^{33}>ham_{33}ban^{33}$	能力差
紅毛塗	$aŋ_{33}mo_{33}t^ho^{13}>am_{33}mo_{33}t^ho^{13}$	水泥

B-2）/-n/受後字舌根音聲母影響而變成/-ŋ/

例詞	音值	華語
身軀	$sin_{33}k^hu^{55}>siŋ_{33}k^hu^{55}$	身體

B-3）/-t/受後字雙唇音聲母影響而變成/-p/

例詞	音值	華語
虱母	$sat_{55}bo^{51}>sap_{55}bo^{51}$	蝨子
密婆	$bit_{11}po^{13}>bip_{11}po^{13}$	蝙蝠
失敗	$sit_{55}pai^{33}>sip_{55}pai^{33}$	失敗

B-4）/-k/受後字舌尖音聲母影響而變成/-t/

例詞	音值	華語
目睭	$bak_{11}tsiu^{55}>bat_{11}tsiu^{55}$	眼睛
木虱	$bak_{11}sat^{31}>bat_{11}sat^{31}$	臭蟲
腹肚	$pak_{55}to^{51}>pat_{55}to^{51}$	肚子

3）異化型，連續縮讀，產生第三種音讀情況，這種語詞，稱爲合音詞。

合音詞，通常是兩個字音合爲一個音，而音段從三個合成兩個，或從兩個合成一個，如：

例詞	音值	華語
啥儂个	sã$_{55}$laŋ^{13}e^{13}>saŋ$_{51}$e^{13}	誰的
拍毋見	p^{h}a$_{51}$m̩$_{11}$kian^{11}>p^{h}aŋ$_{51}$kian^{11}	遺失
三十四	sã$_{33}$tsap$_{11}$si^{11}>sam$_{331}$si^{11}	三十四
四十四	si$_{51}$tsap$_{11}$si^{11}>siap$_{55}$si^{11}	四十四
無愛	bo$_{33}$ai^{11}>buaiʔ^{31}	不要
共儂拍	ka$_{11}$laŋ$_{33}$p^{h}aʔ^{31}>kaŋ$_{13}$p^{h}aʔ$_{31}$	打人
予儂拍	hɔ$_{11}$laŋ$_{33}$p^{h}aʔ^{31}>hɔŋ$_{13}$p^{h}aʔ$_{31}$	被打
無要緊	bo$_{33}$iau$_{51}$kin^{51}>bua$_{35}$kin^{51}	不要緊

合音詞的音節變化，基本上有三種變化類型：

1）取前字的聲母，再與後字的韻母結合，如「全儂」，k+aŋ>kaŋ；而聲調則取前字聲調的調首加上後字調尾結合而成，如[ka$_{11}$+laŋ$_{33}$]>[kaŋ$_{13}$]

2）前字的聲韻母全取，再加後字的韻尾形成新的韻母，如「予儂」，hɔ+aŋ>hɔŋ；而聲調則取前字聲調的調首加上後字調尾結合而成，如[hɔ$_{11}$+laŋ$_{33}$]>[hɔŋ$_{13}$]

3）取前字的聲母，再依音變自然形成新的韻母，如「無愛」，b+X>buaiʔ；「無要緊」b+X>bua；而聲調並不固定，全依古來已形成的音變來發音。

五、小結

頭城台語的語音系統，在聲母系統中，有十八個輔音聲母（包含 m、n、ŋ），仍然清楚保留偏漳的聲母系統。

在韻母方面，1）有/a、e、i、u、ɔ、o/六個口元音，/ã、ɔ̃、ẽ、ĩ/四個主要鼻元音，共有 10 個元音。由於，一個字的鼻音，其韻母自介音到韻尾，必定全部含有鼻音，因此，本文所謂的元音，指有辨義的單元音。2）複韻母部分，頭城老年層依然存在特別的音系特徵，有別於漳州音系。就是只有 iŋ（k）韻，沒有 iaŋ（k）和 iɔŋ（k），正如 1980 年，藍清漢《中國語宜蘭方言語彙集》所述者，也難怪董忠司認為——

> 宜蘭韻母最大的特色是：（1）本來沒有-iaŋ，-iak 和-iɔŋ，-iɔk 四個
> 韻母，而併入-iəŋ，-iək。目前宜蘭方言裡-iaŋ，-iɔŋ（k）與-iəŋ（k）

並存的現象是借自台北方言的。〔註14〕

在聲調系統方面，有七個基本調，其中，陽入調卻與一般台閩語有極顯著差別。陽入調的喉塞音已不顯著，與陽去調相同，如：蓆 $tsʰio^{33}$、石 $tsio^{33}$；有輔音韻尾 p、t、k 的陽入調，其調值也和陽去調相同，只差在長調和促調的區別，如：額 gia^{33} 有業 $giap^{33}$、大 tua^{33} 有奪 $tuat^{33}$。而南部的陽入調則是蓆 $tsʰioʔ^{55}$、石 $tsioʔ^{55}$、業 $giap^{55}$、奪 $tuat^{55}$，是明顯的高促調。所以，若嚴格的以調值來看，宜蘭頭城腔只有 55、51、11、31、13、33 六種本調，加上變調才會經常出現的高促調和低促調則有八種調位。

在連讀變調方面，陰平調 55 變為陽去調 33，上聲調 51 變為陰平調 55，陰去調 11 變為上聲調 51，但也有一些陰去調 11 變為陰平調 55；陽平調 13 變為陽去調 33，陽去調 33 變調為陰去調 11，是標準的偏漳腔規則；而喉塞音的陰入調變調時，喉塞音自然消失，分成兩個律動方向：

1）31>51，此為主要變調方式。例如：

鴨 $aʔ^{31}$>鴨肉 $a_{51}baʔ^{31}$、炸 $tsaʔ^{31}$>炸彈 $tsa_{51}tuã^{13}$、百 $paʔ^{31}$>百萬 $pa_{51}ban^{33}$

2）31>55，此為次要變調方式。例如：

袷 $kaʔ^{31}$>袷仔 $ka_{55}a^{51}$、鴨 $aʔ^{31}$>鴨仔 $a_{55}a^{51}$、佗 $taʔ^{31}$>佗位 $ta_{55}ui^{33}$、甲 $kaʔ^{31}$>鐵甲仔 $tʰi^{51}ka_{55}a^{51}$、粕 $pʰoʔ^{31}$>豆粕仔 $tau_{11}pʰo_{55}a^{51}$

在三連詞連續變調、輕聲變調方面，頭城腔也有其語音的變化規則，值得討論的是，我們對變調的狀況，嘗試以發音律動的方向來研討，發現語流的律動有其固定的模式，並非只是單純調類的轉換而已，由於有其律動的規律性，讓講話者能更方便、更流暢的轉變調類，產生豐富的高低起伏、長短舒促的音樂效果。在音變方面，我們也發現，頭城腔完全符合現代語言學〔註15〕中所講的同化律（Assimilation Rule）、辨音成分增加律（Feature Addition Rule），如/a/隨前字韻尾輔音增生濁化輔音、省略音段律（Deletion Rule），如「合成詞」、音段移位律（Movement Rule），如「合成詞」中的「無愛」等的原則。同時，也會引發聲調的變化，如：「無要緊」$bo_{33} iau_{51} kin^{51}$>$bua_{35} kin^{51}$，音值經由起音 3 升到 5 的前音段，在從 5 向 1 行進，使講話時間縮短，聲調簡便、強化，語義清晰，符合富經濟效益的省力原則。這樣的理解，讓我們更能體會其語音語彙的內涵和特點。

〔註14〕董忠司（1991：48）。
〔註15〕謝國平（2005：116-118）。

第二節 語音特點 〔註16〕

一、與《彙集雅俗通十五音》、《彙音妙悟》的音系特點比較

表4-6：與韻書音系特點比較表

	彙音妙悟		雅俗通	頭城音	例　　字		
韻 目	居 ɨ	居	i	i	豬 ti⁵⁵	虛 hi⁵⁵	
	雞 ue	稽	e	e / eʔ	雞 ke⁵⁵	客 keʔ³¹	
	飛 e	檜	ue	ue / ueʔ	杯 pue⁵⁵	郭 kueʔ³¹	
	恩 un	巾	in	in	斤 kin⁵⁵	謹 kin⁵¹	
	關 uan	觀	uan	uan	端 tuan⁵⁵	縣 kuan³³	
		官	uã	uã	山 suã⁵⁵	官 kuã⁵⁵	
		---		uãi	關 kuãi⁵⁵	稈 kuãi⁵¹	
	糜 uẽ		uẽ	uẽ	妹 muẽ³³	媒 muẽ¹³	
	更 ĩ	更	ẽ	ẽ	羹 kẽ⁵⁵	坑 kʰẽ⁵⁵	
	毛 ŋ̍	裩	uĩ	uĩ	楓 puĩ⁵⁵	穿 tsʰuĩ⁵⁵	
		鋼	ŋ̍	ŋ̍	湯 tŋ̍⁵⁵	扛 kŋ̍⁵⁵	燙 tʰŋ̍¹¹
	箱 ĩu	薑	iõ	ĩu	箱 hĩu⁵⁵	賞 sĩu⁵¹	
	經 iŋ	經	iŋ	iŋ	升 siŋ⁵⁵	冰 piŋ⁵⁵	
	香 iaŋ	姜	iaŋ/iak	iŋ/ik	章 tsiŋ⁵⁵	香 hiŋ⁵⁵	約 ik³¹
		恭	iɔŋ/iɔk	iŋ/ik	中 tiŋ⁵⁵	恐 kʰiŋ⁵¹	陸 lik³³
	商 iɔŋ	姜	iaŋ	iŋ	商 siŋ⁵⁵	響 hiŋ⁵¹	涼 liŋ¹³

說明：

1. 以上《彙集雅俗通十五音》韻讀擬測依董忠司編初稿選錄。

2. 頭城音依頭城老年層田野調查所錄的語音登錄。

3. 詳細的語音特點實例，詳述於下一段。

〔註16〕洪惟仁（1992）、中研院（1996）、張屏生（2007a、2008b）兩人已對礁溪、
　　　羅東做過田野調查，也分別介紹其音韻系統和方音特點；同時，也留下大量
　　　語料。尤其是洪惟仁也對頭城人做過訪談田調。但是，都沒有針對頭城方音
　　　留下語料，並對其音韻系統和方音特點做過介紹。因此，筆者認爲有必要再
　　　實際做直接田調，以釐清一些疑點並留下語料，以做爲蘭陽地區台閩語語音
　　　研究的史料之一。

二、田野調查的語音特點實錄

1. 語音特點之 1－英雄本閒閒 [$iŋ_{33}$ $iŋ^{13}$ pun_{55} $iŋ_{33}$ $iŋ^{13}$]

頭城老年層，最吸引人的語音，就是 $iŋ/ik$ 韻。由前段所述，代表漳州音的韻書《彙集雅俗通十五音》，含有經韻 $iŋ$、姜韻 $iaŋ$ 和恭韻 $iɔŋ$。但是，頭城卻統一歸於 $iŋ$，顯現頭城音系的獨特性。因此，「英雄」的頭城語音是[$iŋ_{33}$ $iŋ^{13}$]或[$iŋ_{33}$ $hiŋ^{13}$]、「高雄」是[ko_{33} $iŋ^{13}$]或[ko_{33} $hiŋ^{13}$]。2008 年 8 月，初次到頭城做訪談，1924 年生，85 歲的林翠鑾發音合作人講「英雄好漢」音[$iŋ_{33}$ $iŋ^{13}$ ho_{55} han^{11}]，講「眞涼」音[$tsin_{33}$ $liŋ^{13}$]，倍感新鮮與驚奇。

1-1　16 位六十一歲以上的發音合作人，在一般台閩語屬於/-iaŋ /或/-iɔŋ /韻母部分，保留有完整的/-iŋ /韻母〔註 17〕的語音，整理出的單字和語彙如下：

1）單字部分有 57 個字：

漳，章，雙，涼，響；雄，中，想，種，像；養，央，忠，重，陽；供，茸，勇，芎，菖；松，榕，龍，向，香；廠，梁，誦，將，興；掌，彰，常，勥，商；鄉，祥，強，獎，洶；暢，傷，上，眾，鈴；恐，享，沖，讓，相；懺，寵，踐，冗，塚；狀，恭。

2）語彙部分，依發音合作人所講到的部分整理出如下語彙：

序號	詞彙	音值	序號	詞彙	音值
1	盧讚祥	$lɔ_{33}$ $tsan_{51}$ $siŋ^{13}$	38	眞勇	$tsin_{33}$ $iŋ^{51}$
2	漳州	$tsiŋ_{33}$ $tsiu^{55}$	39	九芎仔	kiu_{55} $kiŋ_{33}$ $ŋã^{51}$
3	彰化	$tsiŋ_{33}$ hua^{11}	40	向日紅	$hiŋ_{51}$ $dzit_{11}$ $hɔŋ^{13}$
4	李鴻章	li_{55} $hɔŋ_{33}$ $tsiŋ^{55}$	41	菖蒲	$tsʰiŋ_{33}$ $pɔ^{13}$
5	雙人	$siŋ_{33}$ $laŋ^{13}$	42	眞興 4	$tsin_{33}$ $hiŋ^{55}$
6	眞涼	$tsin_{33}$ $liŋ^{13}$	43	眞興 5	$tsin_{33}$ $hiŋ^{11}$
7	眞響	$tsin_{33}$ $hiŋ^{51}$	44	高雄	ko_{33} $iŋ^{13}$/ ko_{33} $hiŋ^{13}$

〔註 17〕簡佳敏（2005：5），簡氏以吳沙親族爲開蘭時人數最多，吳沙是漳浦人，因此推斷此韻爲漳州漳浦腔。但是，洪惟仁（1999：73）也提到，在宜蘭大城、礁溪、南澳、宜蘭市的老輩，桃園大溪，南投名間、集集，台中太平鄉一部分，把漳腔的-iɔŋ 和-iaŋ 讀成-iŋ，如「台中」說「台燈」tai_{33} $tiŋ^{55}$，「中央」說「中英」$tiŋ_{33}$ $iŋ^{55}$。可見，單純的-iŋ，在台分布廣闊，並非只是單純的漳浦腔，何況筆者也查出頭城居民的祖籍，來自漳浦的並非多數（本文，頁 14）。

8	掌甲	tsiŋ₅₅ kaʔ³¹		45	英雄	iŋ₃₃ iŋ¹³/ iŋ₃₃ hiŋ¹³
9	鼓掌	kɔ₅₅ tsiŋ⁵¹		46	掌頭仔 [6]	tsiŋ₅₅ tʰau₃₃ a⁵¹
10	雄黃	hiŋ₃₃ hɔŋ¹³		47	上元	siŋ₁₁ guan¹³
11	高中	ko₃₃ tiŋ⁵⁵		48	上等	siŋ₁₁ tiŋ⁵¹
12	中華	tiŋ₃₃ hua¹³		49	眾學生	tsiŋ⁵¹ hak₁₁ siŋ⁵⁵
13	五香	ŋɔ̃₅₅ hiŋ⁵⁵		50	鈴鈴仔 [7]	liŋ₃₃ liŋ₃₃ ŋã⁵¹
14	酒廠	tsiu₅₅ tsʰiŋ⁵¹		51	時常	si₃₃ siŋ¹³
15	高粱	ko₃₃ liŋ¹³		52	青商會	tsʰiŋ₃₃ siŋ₃₃ hue³³
16	誦經	siŋ₁₁ kiŋ⁵⁵		53	廠商	tsʰiŋ₅₅ siŋ⁵⁵
17	將軍	tsiŋ₃₃ kun⁵⁵		54	鄉長	hiŋ₃₃ tĩu⁵¹
18	思想	su₃₃ siŋ⁵¹		55	塍寮鄉	tsʰan₃₃ liau₃₃ hiŋ⁵⁵
19	種類	tsiŋ₅₅ lui³³		56	恐怖	kʰiŋ₅₅ pɔ¹¹
20	眞濟種	tsin₃₃ tse₁₁ tsiŋ⁵¹		57	強創 [8]	kiŋ₃₃ tsʰɔŋ¹¹
21	翕像 [1]	hip₅₅ siŋ¹¹		58	強舞 [9]	kiŋ₃₃ bu⁵¹
22	飼養	tsʰi₁₁ iŋ⁵¹		59	著獎 [10]	tio₁₁ tsiŋ⁵¹
23	中央	tiŋ₃₃ iŋ⁵⁵		60	暢啥 [11]	tʰiŋ₅₁ sã¹¹
24	央人	iŋ₃₃ laŋ¹³		61	洶洶 [12]	hiŋ₃₃ hiŋ¹³
25	忠實	tiŋ₃₃ sit³³		62	破傷風	pʰo₅₁ siŋ₃₃ hɔŋ⁵⁵
26	養殖	iŋ⁵⁵ sit³³		63	嚷	dziŋ⁵¹
27	重陽	tiŋ₃₃ iŋ¹³		64	沖冷水	tsʰiŋ₃₃ liŋ₅₅ tsui⁵¹
28	供養	kiŋ₁₁ iŋ⁵¹		65	相命	siŋ₅₁ miã³³
29	蔘茸	sɔm₃₃ dziŋ¹³		66	相信	siŋ₃₃ sin¹¹
30	鹿茸	lɔk₁₁ dziŋ¹³		67	讓	dziŋ³³
31	龍	liŋ¹³		68	勥 [13]	kʰiŋ¹¹
32	天鵝絨	tian₃₃ go₃₃ dziŋ¹³		69	歸欉 [14]	kui₃₃ tsiŋ¹³
33	寵倖	tʰiŋ₅₅ siŋ³³		70	榕仔	siŋ₃₃ ŋã⁵¹/ tsʰiŋ₃₃ ŋã⁵¹
34	烏松 [2]	ɔ₃₃ siŋ¹³		71	冗 [15]	liŋ³³
35	踜 [3]	liŋ¹¹		72	狀元	tsiŋ₁₁ guan¹³
36	塚仔埔	tʰiŋ₅₅ ŋã₅₅ pɔ⁵⁵		73	恭喜	kiŋ₃₃ hi⁵¹
37	簡朝松	kan₅₅ tiau₃₃ siŋ¹³		74	坐向	tse₁₁ hiŋ¹¹

說明：漢字不同的台、華語對照

1.翕像：照相 2.烏松：黑松 3.踆：用力掙 4.眞興 tsin₃₃ hiŋ⁵⁵：很興盛

5.眞興 tsin₃₃ hiŋ¹¹：很有興趣 6.掌頭仔：手指頭 7.鈴鈴仔：響鈴鐺

8.強創：硬要做 9.強舞：硬要做 10.著獎：中獎 11.暢啥：高興什麼

12.泃泃：突然 13.勥：能力好、很行 14.歸欉：整棵 15.冗：鬆

    1-2　老年層發音合作人在頭城，將一般台閩語的入聲韻/-iɔk /，保留成屬於入聲韻/-ik / 韻母的語音，由於爲數不多，更見珍貴。其單字和語彙如下：

    1）單字部分：共收集 21 個字

        六、陸、菊、玉、局、祝、足、雀、俗、續

        晢、劇、屬、擗、約、摘、摔、逐、劇、肉、辱

    2）語彙部分：

	語彙	音　值		語彙	音值
1	56	ŋɔ̃₅₅ lik³³	16	雀雀趒	tsʰik₁₁ tsʰik₁₁ tio¹³
2	大陸	tai₁₁ lik³³	17	風俗	hɔŋ₃₃ sik³³
3	菊仔	kik₅₅ ga⁵¹	18	俗語	sik₁₁ gi⁵¹
4	玉蘭花	gik₁₁ lan₃₃ hue⁵⁵	19	白晢晢	pe₁₁ sik₅₅ sik³¹
5	結局	kiat₅₅ kik³³	20	繼續	ke⁵¹ sik³³
6	郵局	iu₃₃ kik³³	21	劇本	kik₁₁ pun⁵¹
7	廟祝	bio₁₁ tsik³¹	22	戲劇	hi₅₁ kik³³
8	祝福	tsik₅₅ hɔk³³	23	屬	sik³³
9	祝英台	tsik₅₅ iŋ₃₃ tai¹³	24	擗	pik³³
10	遠足	uan₅₅ tsik³¹	25	摔粟	sik₅₅ tsʰik³¹
11	足爽	tsik₅₅ sɔŋ⁵¹	26	摔桶	sik₅₅ tʰaŋ⁵¹
12	約束	ik₅₅ sɔk³¹	27	走相逐	tsau₅₅ sio₃₃ dzik³¹
13	摘算盤	tik₅₅ suĩ₅₁ puã¹³	28	鐮劇仔	liam₃₃ lik₃₃ ga⁵¹
14	肉桂	dzik₁₁ kui₁₁	29	骨肉*	kut₅₅ dzik³³
15	孔雀	kʰɔŋ₅₅ tsʰik³¹	30	侮辱	bu₅₅ dzik³³

說明：

骨肉的「肉」，有一位發音人講[lik³³]，是此次頭城田野調查，/dz/輔音語彙中，唯一失去/dz/輔音，轉爲/l/輔音的語彙，應屬個人語音差。筆者再求證後，其他人都講[dzik³³]。

2. 語音特點之 2－「好種毋傳，痞種毋斷」的 /–uĩ/ 韻

　　頭城語音第二個特色是和海口腔/-ŋ /韻母對應的/–uĩ / 韻母，此語音仍然未受外來的衝擊而產生語音的轉變，完整顯示出漳州音的特色〔註18〕。但是，頭城腔仍然有/-ŋ / 韻，例如：霜 sŋ、湯 tʰŋ、缸 kŋ、扛 kŋ、央 ŋ、秧 ŋ 等。依據周長楫（1986：75-76），「卵」、「飯」和「光」的語音，在漳州、龍海、南靖、平和都讀[uĩ]韻，其中只有詔安將「卵」發成[lŋ]。頭城人依其祖籍，也多來自上述漳州府原鄉的平和、南靖、漳浦、海澄、詔安等地， 自然瀰漫在[uĩ]韻之中。

　　從調查中整理出的單字和語彙如下：

1）單字部分：

黃，酸，遠，頓，損；問，捲，光，烌，川；穿，勸，算，飯，門；卵，斷，園，荒，摃；鑽，褪，挾（掩），磚，轉；旋，楓，傳，軟，瘻；有，栓，卷，昏，管；吮，裢，方。

2）語彙部分：

序號	語彙	音　值	序號	語彙	音　值
1	姓黃	sẽ₅₁ uĩ¹³	21	輪轉	lian₅₁ tuĩ⁵¹
2	硫酸	liu₃₃ suĩ⁵⁵	22	煮飯	tsi₅₅ puĩ³³
3	眞遠	tsin₃₃ huĩ³³	23	關門	kuãi₃₃ muĩ¹³
4	早頓	tsa₅₅ tuĩ¹¹	24	滷卵	lo₅₅ nuĩ³³
5	拍損	pa₅₁ suĩ⁵¹	25	遏斷	at₅₅ tuĩ³³
6	相借問	sio₃₃ tsio₅₁ muĩ³³	26	花園	hue₃₃ huĩ¹³
7	菜捲	tsʰai₅₁ kuĩ⁵¹	27	荒廢	huĩ₃₃ hui¹¹
8	月光	gue₁₁ kuĩ⁵⁵	28	抛荒	pʰa₃₃ huĩ⁵⁵
9	烌菜	tʰuĩ₁₁ tsʰai¹¹	29	摃孔	kuĩ₅₁ kʰaŋ⁵⁵
10	尻川	kʰa₃₃ tsʰuĩ⁵⁵	30	鑽孔	tsuĩ₅₁ kʰaŋ⁵⁵
11	苦勸	kʰɔ₅₅ kʰuĩ¹¹	31	瘻過	nuĩ₁₁ kue¹¹
12	穿針	tsʰuĩ₃₃ tsiam⁵⁵	32	褪衫	tʰuĩ₅₁ sã⁵⁵
13	按算	an₅₁ suĩ¹¹	33	挾目珠	uĩ₃₃ bak₁₁ tsiu⁵⁵
14	紅磚	aŋ₃₃ tsuĩ⁵⁵	34	捲螺仔旋	kuĩ₅₅ le₃₃ a₅₅ tsuĩ³³
15	毋傳	m̩₁₁ tʰuĩ¹³	35	楓仔樹	puĩ₃₃ ã₅₅ tsʰiu³³

〔註18〕董忠司（1991：48）。

16	手軟	tsʰiu₅₅ nuĩ⁵¹	36	有*影	uĩ₃₃ iã⁵¹
17	吮	tsuĩ³³	37	酒桮仔	tsiu₅₅ suĩ₃₃ ã⁵¹
18	小卷仔	sio₅₅ kuĩ₅₅ ã⁵¹	38	下昏	ẽ₃₃ huĩ⁵⁵
19	血管	hue⁵¹ kuĩ⁵¹	39	毛管孔	mõ₃₃ kuĩ₅₅ kʰaŋ⁵⁵
20	手捘	tsʰiu₅₅ uĩ⁵¹	40	姓方	sẽ⁵¹ puĩ⁵⁵

說明：有影 u₃₃ iã⁵¹>uĩ₃₃ iã⁵¹，由於 u 被 iã 的逆同化作用，音變成[uĩ]。

3. 語音特點之 3－殘留的漳州韻母 /-i /韻

和泉州音韻母/-u /韻相對應的漳州韻母 /-i /韻，有些只剩老年層才還在講，中年層以下便產生混雜的現象。

1）單字部分：24 個字

趣、書、鼠、薯、製、雨、取、煮、嶼、茹、杵、處

豬、呂、居、思、除、慮、辭、余、預、乳、魚、字

2）語彙部分：

序號	語彙	音值	序號	語彙	音值
1	興趣	hiŋ₅₁ tsʰi¹¹	17	煮飯	tsi₅₅ puĩ³³
2	秘書	pi₅₁ si⁵⁵	18	郭雨新	kue₅₁ i₅₅ sin⁵⁵
3	書記	si₃₃ ki¹¹	19	大嶼	tua₁₁ si³³
4	圖書館	tɔ₃₃ si₃₃ kuan⁵¹	20	海嶼	hai₅₅ si³³
5	大暑	tai₁₁ si⁵¹	21	爭取	tsiŋ₃₃ tshi⁵¹
6	小暑	siau₅₅ si⁵¹	22	眞挈	tsin₃₃ dzi¹³
7	處暑	tshi⁵¹ si⁵¹	23	春杵	tsiŋ₃₃ tsʰi⁵¹
8	雨水	i₅₅ sui⁵¹	24	馬薺	bue₅₅ tsi¹³
9	錢鼠	tsĩ₃₃ tsʰi⁵¹	25	番薯	han₃₃ tsi¹³
10	無去	bo¹³ kʰi¹¹	26	姓呂	sẽ⁵¹ li³³
11	烏豬	ɔ₃₃ ti⁵⁵	27	考慮	ko₅₅ li³³
12	相思	sĩu₃₃ si⁵⁵	28	相辭	sio₃₃ si¹³
13	同居	toŋ₃₃ ki⁵⁵	29	姓余	sẽ⁵¹ i¹³
14	開除	kʰai₃₃ ti¹³	30	預備	i₁₁ pi³³
15	烏魚	ɔ₃₃ hi¹³	31	豆乳	tau₁₁ dzi⁵¹
16	製造	tsi₅₁ tso³³	32	寫字	sia₅₅ dzi³³

4. 語音特點之 4－「省」sẽ⁵¹ 與 siŋ⁵¹ 的糾纏

「省」的語音，在一般的台閩語講[siŋ⁵¹]；在宜蘭方面講[sẽ⁵¹]，頭城也不例外。　例如：外省儂 gua₁₁ sẽ₅₅ laŋ¹³、外省仔 gua₁₁ sẽ₅₅ ã⁵¹、省水 sẽ₅₅ tsui⁵¹、省工 sẽ₅₅ kaŋ⁵⁵、省力 sẽ₅₅ lat³³，但是，當講「台灣省」時，有的人語音會變成 tai₃₃ uan₃₃ siŋ⁵¹，可見，「台灣省」的音也是正在「交混」（hybridity）〔註 19〕的語音，也就是漳泉濫的語音。

三、小結

頭城音系最值得特書再書的一個音，就是/-iŋ/韻，由於這個語音，目前僅存於未受汙染的老年層，中年層雖然也存有這個語音，但是，已產生相當程度的音變，無法再度單純化，更遑論青少年層〔註 20〕。由於頭城本來以農為主，早期本無旅社，也非工商經濟城市，人口變動不大，遷入者更少。其語音音系受到衝擊，是近代才發生的；別的地方雖有如洪惟仁所述，也只是殘缺不全，遍查韻書，也都無法找到如此單純的音韻，證明韻書業已完成不同程度的語音變化。所謂「禮失求諸野」，洪惟仁（1993：9）：

> 台灣的泉州腔方言相當複雜，大約泉州府晉江、南安、惠安、同安、
> 安溪五縣方言都可以找到它們的遺音。

漳州腔是否應該也有相同的情形？尤其頭城腔是傳自嘉慶年代的漳州音，到近代才產生巨變。因此，這個世代口語相傳的音韻，可以大膽推測是很古老的漳腔，可能比韻書所載的還古老，也可說此韻應該是漳腔的活化石，或可稱之為老漳腔。由於，要求每一個在地的後代子孫將已完成音變的語音放棄，並回歸單純的語音，是不可能的，甚至可預測在不久的將來，這個單純的/-iŋ/韻將隨老年層而煙消雲散，本文能因緣際會將其語音、語彙記錄存檔，更顯得珍貴與榮幸。

第三節　部分詞彙的特殊音讀

1. 獨一無二的最高級：[tsin₅₁]

一般台閩語的比較級中，最高級通常用「足」來表達。比如講「足爽」、「足婿」、「足好」……。在頭城則和普遍的宜蘭腔一樣，用語音[tsin₅₁]來表達最高

〔註 19〕 廖炳惠（2007：133）。
〔註 20〕 簡佳敏（2005：52），表 3.16，恭字組-iŋ 變體，在少年的使用情形，近乎 0%。

級的語意。趙鋼立等著《新編說文解字字典》頁 279，「盡」有達到極限、全部使出、竭力做到的意思。如：盡善盡美、盡心盡力、盡忠。但以上的「盡」，以台閩語唸時，屬陽去調；而宜蘭頭城的「盡」，變調為上聲調，例詞如下：

非常美麗：「盡媠」$tsin_{51}$ sui_{51}、非常醜或壞：「盡穤」$tsin_{51}$ bai_{51}、非常賢：「盡勢」$tsin_{51}$ gau_{13}、非常遠：「盡遠」$tsin_{51}$ hui_{33}、非常酸：「盡酸」$tsin_{51}$ $sui\tilde{}_{55}$、非常難：「盡偃」$tsin_{51}$ $o?_{31}$……。其語意只有一種，也就是：達到極限的意思，讓聽者有強烈的感受到無以倫比的最高級境界，是有別於其他方音的獨特的語音。

　　2. 古意的「在」tit^{33}

　　1）他在家嗎？頭城腔講：i_{33} u_{11} tit^{33} li^{33} $\cdot bo_{11}$?

　　2）他在家。頭城腔講：i_{33} u_{11} tit^{33} li^{33}。

　　3）他在哪裡？頭城腔講：i_{33} tit_{11} $ta?_{31}$? 或 i_{33} tit_{55} $ta?_{31}$?

　　4）你在四點鐘來接我。頭城腔講：li_{55} tit_{11} si_{51} $tiam_{51}$ lai_{33} $tsiap_{31}$ $\cdot gua_{11}$

　　5）他在做稿。頭城腔講：i_{33} tit_{55} tso_{51} sit^{31}

　　6）他在講話。頭城腔講：i_{33} tit_{55} kon_{55} ue^{33}

　　一般台閩語講$[ti^{33}]$，屬陽去調；頭城腔的$[tit^{33}]$，屬中平陽入調，變調時，無固定調值，可變成高促調或低促調，依各人的語氣或語境而定。其後面可以接地點、時間、動作。

　　《史記》，〈項羽本紀〉記載：於是項王乃上馬騎，……直夜潰圍南出，馳走。直夜潰圍─直讀曰值，當也；『正韻』直意切，音治，與值通。

　　《史記》，〈封禪書第六〉：文帝出長門……遂因其直北立五帝壇……。

　　『集解』孟康曰：「直，值也。值其立處以作壇」，直，『唐韻』除力切。可見$[tit^{33}]$就是北方漢語的書面語「在」，與古漢語書面語「直」相通，古意盎然。

　　3.「私奇」〔註21〕 su_{33} k^hia_{55} 私房錢。一般台閩語講 sai_{33} k^hia_{55}

　　4.「馬薺」〔註22〕 bue_{55} tsi_{13} 荸薺。一般台閩語講 be_{55} tsi_{13}

　　5.「露水」〔註23〕 lo_{51} $tsui_{51}$ 露水。一般台閩語講 lo_{11} $tsui_{51}$

　　6.「露螺」〔註24〕 lo_{51} le_{13} 蝸牛。一般台閩語講 lo_{11} le_{13}

〔註21〕張屏生，（2007a：冊三，36）。崙背紹安腔講「私奇錢」su_{11} k^hia_{35} tsh^hin_{53}。

〔註22〕同上，頁 125。其中並無 bue_{55} tsi_{13} 的講法；藍清漢，（1980：123）。荸薺 bue_{55} tsi_{13}

〔註23〕同上，頁 4。有草屯、大牛椆和頭城同音。

7. 「蓮藕」lin_{33} $\eta\tilde{a}u^{33}$ 蓮藕。一般台閩語講 $lian_{33}$ $\eta\tilde{a}u^{33}$

8. 「蟮蟲仔」sin_{33} an_{33} $\eta\tilde{a}^{51}$ 壁虎。一般台閩語講 $sian_{33}$ an_{33} $\eta\tilde{a}^{51}$

9. 「所得稅」se_{55} tik_{55} sui^{11} 所得稅。一般台閩語講 so_{55} tik_{55} sui^{11}

第四節　頭城在地的特殊詞彙

1. 「珍東毛仔」tin_{33} ton_{33} $m\tilde{o}_{33}$ $\tilde{a}^{51}$

   一種藤類植物，將「珍東毛仔」的滕綁在一起，可做成洗刷鍋子的刷子。

2. 「枷車藤」k^ha_{33} ts^hia_{33} tin^{13} 炸麻花。中世代也講「枷食藤」k^ha_{33} $tsia_{11}$ tin^{13}

   高雄講「索仔股」so_{55} a_{55} ko^{51}，台南講「蒜絨枝」$suan_{51}$ $dzion_{33}$ ki_{55}。

3. 「帋石仔」$p^h\tilde{a}_{51}$ $tsio_{33}$ a^{51}，「咾咕石」的在地名稱，石城有。

4. 「官貉」〔註 25〕$ku\tilde{a}_{33}$ ho^{13}，田鼠。

   一般台閩語講「山貉」$su\tilde{a}_{33}$ ho^{13}，台北縣雙溪鄉也講「官貉」。

5. 「膣泵」ts^han_{33} tom^{11} 白腹秧雞。亦稱「紅尻川仔」an_{33} k^ha_{33} $ts^h\tilde{u}\tilde{i}_{33}$ $\tilde{a}^{51}$

   腳長，膽小，看到人即走。原住民將網子豎起，一邊驚動鳥隻即可網到；南澳原住民

   會到頭城來捉，取出腸子洗淨後，就生食之。

6. 「長尾津」$t\mathfrak{j}$ bue_{55} tin^{55} 台灣藍鵲。一般台閩語：「長尾山娘」$t\mathfrak{j}_{33}$ bue_{55} $su\tilde{a}_{33}$ $n\tilde{i}u^{13}$

   「津」，下垂的意思。指台灣藍鵲的長尾總是下垂的樣子。

7. 「烏面抒栲」o_{33} bin_{11} lua_{51} pe_{55} 黑面琵鷺。

   一般台閩語講「烏面撓杯」o_{33} bin_{11} $dziau_{33}$ pue_{55}。覓食物時，用長喙在水中左右撈劃，

   此動作稱 $lua\mathbb{?}^{31}$，長喙稱 pe^{55}，面黑講烏面，故名「烏面抒栲」。每年會有少數飛到頭

   城下崙里的溪口、海邊附近。

8. 「灶雞」$tsau_{51}$ ke^{55} 蟋蟀。南部台閩語講「蟋蟀仔」si_{51} sut_{55} la^{51}

9. 「石踏仔」$tsio_{11}$ ta_{55} a^{51} 彈塗魚。

10. 「座架鷹」tso_{11} $tsia_{51}$ in^{55} 松雀鷹。又稱「鷹仔虎」in_{33} $\eta\tilde{a}_{55}$ ho^{51}，會抓小雞。

11. 「鐵甲」t^hi_{51} $ka\mathbb{?}^{31}$ 或稱 t^hi_{51} ka_{55} a^{51}。

    單面殼貝類，有如毛毛蟲的紋路，外澳仔又稱為「海家政」hai_{55} ka_{33} $tsin^{11}$。

12. ts^hip_{55} ba^{51} 就是孔雀蛤、淡菜。此語音並無相對應的漢字。

13. ke_{33} kio_{55} a^{51} 有雙面殼的貝類。此語音並無相對應的漢字。

〔註24〕同上，頁 226。其中並無 lo_{51} 的音：藍清漢，（1980：99）。蝸牛 lo_{51} le^{13}。
〔註25〕筆者曾遇當守衛的 70 歲台北縣雙溪人，亦稱[$ku\tilde{a}_{33}$ ho^{13}]。

14.「淺閂仔」ts^hian_{55} $ts^hu\tilde{a}_{55}$ $\tilde{a}^{51}$ 單面殼貝類，附著於沿岸礁石上。

15.「深閂仔」ts^him_{33} $ts^hu\tilde{a}_{55}$ $\tilde{a}^{51}$ 單面殼貝類，比淺閂仔大，長於較深處。

16.「紫菜閂仔」tsi_{55} ts^hai_{51} $ts^hu\tilde{a}_{55}$ $\tilde{a}^{51}$ 單面殼貝類，專食淺海紫菜維生。

17.「向日紅」$hi\eta_{51}$ $dzit_{11}$ $ho\eta^{13}$ 一般台閩語直接講「向日葵」$hi\eta_{51}$ $dzit_{11}$ k^hui^{13}。

18.「同姨丈」$ta\eta_{33}$ i_{33} $ti\tilde{u}^{33}$ 連襟。一般台閩語稱「大細先」tua_{11} se_{51} $sian^{55}$

19.「鼎邊垂」$ti\tilde{a}_{55}$ $p\tilde{i}_{33}$ sue^{33} 現在也講「鼎邊趖」$ti\tilde{a}_{55}$ $p\tilde{i}_{33}$ so^{13}

20.「讓□□」$dzi\eta_{11}$ kim_{11} kue_{55} 小孩遊戲時的划拳，即剪刀、石頭、布。

21.「霜仔」$s\dot{\eta}_{33}$ $\eta\tilde{a}^{51}$ 冰。一般台閩語稱「冰」$pi\eta^{55}$

21.「霜仔枝」$s\dot{\eta}_{33}$ $\eta\tilde{a}_{55}$ ki_{55} 冰棒。一般台閩語稱「枝仔冰」ki_{33} a_{55} $pi\eta^{55}$

22.「凭椅」$p^hi\eta_{11}$ i_{51} 躺椅。一般台閩語稱「麗椅」t^he_{33} i^{51}

23.「檳榔」pun_{33} $n\dot{\eta}^{13}$ 檳榔〔註 26〕。一般台閩語稱「檳榔」pin_{33} $n\dot{\eta}^{13}$

24.「石蜞」$tsio_{11}$ k^hi^{13} 章魚。一般台閩語講たこ「t^ha55 $k^ho?^{31}$」，日語詞彙。

〔註 26〕藍清漢，（1980：124）檳榔 $pi\eta_{33}$ $n\dot{\eta}^{13}$；中研院，（1996：71），礁溪、羅東、綠島，檳榔 pun_{33} $n\dot{\eta}^{13}$；張屏生，（2007：冊三，130），台南、崙背，檳榔 pun_{33} $n\dot{\eta}^{13}$。

第五章　頭城老中兩代共時性的語音比較

　　頭城老中青的語音田野調查，期待有三代的共時性語音比較。只是，調查後，發現中年世代已有很多語彙語音已受外界影響；原來，教育的普及，出外負笈求學者彼彼皆是，雖然青少年時期仍然和長輩講相同的語音，求學後，當完兵回鄉，有些音已受影響，更遑論長期離鄉外出工作者，過年過節回鄉的反向影響。還好，鄉音雖變，詞彙還知曉，可以做為比較之用。30 歲以下的青少年，深受華語教育的影響，再加上華語獨尊的電視、收音機、歌曲等的肆虐，相互之間以華語參雜台語溝通，致使台語語彙大量流失，平常使用的語音也被目前通行腔汙染，語彙受限、語音混雜，難以做為比較的材料，只好放棄三世代的語音比較，只做兩代的共時性語音比較。

一、以在一般台語屬於/-iaŋ/或/-iɔŋ/韻母，頭城卻歸於/-iŋ/韻的字，做兩世代的共時性比較。

　　例字有 57 個，以 69 個詞做比較：

　　漳，章，雙，涼，響；雄，中，想，種，像；養，央，忠，重，陽；供，茸，勇，芎，菖；松，榕，龍，向，香；廠，梁，誦，將，興；掌，彰，常，勥，商；鄉，祥，強，獎，洶；暢，傷，上，眾，鈴；恐，享，沖，讓，相；欌，寵，踐，冗，塚；狀，恭。

表 5-1：頭城兩代 iŋ 韻共時性的比較表

	詞彙	61歲以上	31歲～60歲	
1	盧纘祥	$lɔ_{33}\ tsan_{51}\ siŋ^{13}$	不變	
2	漳州	$tsiŋ_{33}\ tsiu^{55}$	有些不變	$tsiɔŋ_{33}\ tsiu^{55}$
3	彰化	$tsiŋ_{33}\ hua^{11}$	有些不變	$tsiɔŋ_{33}\ hua^{11}$
4	李鴻章	$li_{55}\ hɔŋ_{33}\ tsiŋ^{55}$	不變	
5	雙人	$siŋ_{33}\ laŋ^{13}$	有些不變	$siaŋ_{33}\ laŋ^{13}$
6	眞涼	$tsin_{33}\ liŋ^{13}$	不變	
7	眞響	$tsin_{33}\ hiŋ^{51}$	不變	
8	英雄	$iŋ_{33}\ iŋ^{13}$/ $iŋ_{33}\ hiŋ^{13}$	$iŋ_{33}\ hiɔŋ^{13}$	
9	高雄	$ko_{33}\ iŋ^{13}$/ $ko_{33}\ hiŋ^{13}$	$ko_{33}\ hiɔŋ^{13}$	
10	雄黃	$hiŋ_{33}\ hɔŋ^{13}$	$hiɔŋ_{33}\ hɔŋ^{13}$	
11	高中	$ko_{33}\ tiŋ^{55}$	有些不變	$ko_{33}\ tiɔŋ^{55}$
12	中華	$tiŋ_{33}\ hua^{13}$	有些不變	$tiɔŋ_{33}\ hua^{13}$
13	五香	$ŋɔ̃_{55}\ hiŋ^{55}$	$ŋɔ̃_{55}\ hiɔŋ^{55}$	
14	酒廠	$tsiu_{55}\ tsʰiŋ^{51}$	不變	
15	高粱	$kau_{33}\ liŋ^{13}$	有些不變	$kau_{33}\ liaŋ^{13}$
16	誦經	$siŋ_{11}\ kiŋ^{55}$	有些不變	$siɔŋ_{11}\ kiŋ^{55}$
17	將軍	$tsiŋ_{33}\ kun^{55}$	有些不變	$tsiɔŋ_{33}\ kun^{55}$
18	思想	$su_{33}\ siŋ^{51}$	有些不變	$su_{33}\ siɔŋ^{51}$
19	種類	$tsiŋ_{55}\ lui^{33}$	不變	
20	眞濟種	$tsin_{33}\ tse_{11}\ tsiŋ^{51}$	不變	
21	翕像	$hip_{55}\ siŋ^{11}$	有些不變	$hip_{55}\ siɔŋ^{11}$
22	飼養	$tsʰi_{11}\ iŋ^{51}$	不變	
23	中央	$tiŋ_{33}\ iŋ^{55}$	$tiŋ_{33}\ iɔŋ^{55}$	$tiɔŋ_{33}\ iɔŋ^{55}$
24	央人	$iŋ_{33}\ laŋ^{13}$	不變	
25	忠實	$tiŋ_{33}\ sit^{33}$	有些不變	$tiɔŋ_{33}\ sit^{33}$
26	養殖	$iŋ_{55}\ sit^{33}$	不變	

27	重陽	tiŋ₃₃ iŋ¹³	有些不變	tioŋ₃₃ ioŋ¹³
28	供養	kiŋ₁₁ iŋ⁵¹	不變	
29	蔘茸	sɔm₃₃ dziŋ¹³	不變	
30	鹿茸	lɔk₁₁ dziŋ¹³	不變	
31	龍	liŋ¹³	不變	
32	天鵝絨	tian₃₃ go₃₃ dziŋ¹³	不變	
33	榕仔	siŋ₃₃ ŋã⁵¹/ tsiŋ₃₃ ŋã⁵¹	不變	
34	烏松	ɔ₃₃ siŋ¹³	不變	
35	簡朝松	kan₅₅ tiau₃₃ siŋ¹³	kan₅₅ tiau₃₃ sioŋ¹³	
36	眞勇	tsin₃₃ iŋ⁵¹	tsin₃₃ ioŋ⁵¹	
37	九芎仔	kiu₅₅ kiŋ₃₃ ŋã⁵¹	不變	
38	向日紅	hiŋ₅₁ dzit₁₁ hɔŋ¹³	不變	
39	菖蒲	tsʰiŋ₃₃ pɔ¹³	tsʰiŋ₃₃ pɔ⁵¹	tsʰioŋ₃₃ pɔ¹³
40	眞興	tsin₃₃ hiŋ⁵⁵（興盛）	tsin₃₃ hin⁵⁵	
		tsin₃₃ hiŋ¹¹（興趣）	不變	
41	鼓掌	kɔ₅₅ tsiŋ⁵¹	不變	
42	掌甲	tsiŋ₅₅ kaʔ³¹	不變	
43	掌頭仔	tsiŋ₅₅ tʰau₃₃ a⁵¹	不變	
44	上元	siŋ₁₁ guan¹³	不變	
45	卜等	siŋ₁₁ tiŋ⁵¹	不變	
46	眾學生	tsiŋ₅₁ hak₁₁ siŋ⁵⁵	tsioŋ₅₁ hak₁₁ siŋ⁵⁵	
47	鈴鈴仔	liŋ₃₃ liŋ₃₃ ŋã⁵¹	不變	
48	時常	si₃₃ siŋ¹³	si₃₃ sioŋ¹³	
49	青商會	tsʰiŋ₃₃ siŋ₃₃ hue₃₃	不變	
50	廠商	tsʰiŋ₅₅ siŋ⁵⁵	不變	
51	鄉長	hiŋ₃₃ tĩu⁵¹	不變	
52	膣寮鄉	tsʰan₃₃ liau₃₃ hiŋ⁵⁵	不變	
53	恐怖	kʰiŋ₅₅ pɔ¹¹	不變	
54	強創	kiŋ₃₃ tsʰɔŋ¹¹	不變	
55	強舞	kiŋ₃₃ bu¹¹	不變	
56	著獎	tio₁₁ tsiŋ⁵¹	不變	

57	暢啥	tʰiŋ₅₁ sã³¹	（有些）不變	tʰiɔŋ₅₁ sã³¹
58	洶洶	hiŋ₃₃ hiŋ¹³	hiŋ₃₃ hiɔŋ¹³	hiɔŋ₃₃ hiɔŋ¹³
59	破傷風	pʰo₅₁ siŋ₃₃ hoŋ⁵⁵	不變	
60	嚷	dziŋ⁵¹	不變	
61	沖冷水	tsʰiŋ₃₃ liŋ₅₅ tsui⁵¹	不變	
62	相命	siŋ₅₁ miã³³	siɔŋ₅₁ miã³³	
63	相信	siŋ₃₃ sin¹¹	siɔŋ₃₃ sin¹¹	
64	讓	dziŋ³³	不變	
65	勥	kʰiŋ¹¹	已少有人用此講法	
66	檔	tsiŋ¹³	tsaŋ¹³	
67	寵倖	tʰiŋ₅₅ siŋ³³	不變	
68	冗	liŋ³³	不變	
69	塚仔埔	tʰiŋ₅₅ ŋã₅₅ pɔ⁵⁵	不變	

由上面比較表可以看出：

1. 在中生代仍然未變的可能原因

1）在地大眾長期熟知的人名、地名、植物名

盧纘祥－治時期頭城庄長，終戰後頭城鄉長，首任宜蘭民選縣長。當筆者問老縣長叫什麼名字時，都會將「祥」講成[siŋ¹³]，但是，若看到漢字「祥」的時候，就會講[siɔŋ¹³]。

李鴻章－已被熟知的歷史人物。

酒廠－宜蘭酒廠的歷史久遠。

烏松－有老牌黑松汽水。

榕仔－榕樹是人人皆知的廟前樹種。

膣寮鄉－頭城鎮內的一個古地名。

鄉長－已有半世紀以上的名稱。

2）常用常講古來具有的名詞

掌甲、掌頭仔、鹿茸、蔘茸、龍、破傷風、嚷、讓、冗、寵倖、著獎、眞涼、上元、上等、沖冷水、商理儂（生理人）。

3）外界或在地一般人都少講的名詞或專業名詞

九芎仔（樹名）、養殖、飼養、天鵝絨

2. 在中生代會變的可能原因

1）非大眾知名人物的名字

發音合作人「簡朝松」的「松」，自己講[siŋ¹³]，外人會唸成通行腔[siɔŋ¹³]。

2）較會與外界接觸（包括電視連續劇），而受到挑戰的詞彙

「洶洶」[hiŋ₃₃hiŋ¹³]，有人講[hiŋ₃₃hiɔŋ¹³]，也有人講[hiɔŋ₃₃hiɔŋ¹³]；這三種語音，同時在不同的人的口中進行著。這個語音的共時性的變化，正應驗了詞彙擴散的理論。

> 詞彙擴散論者認爲音變是透過詞彙逐步完成的，而變體共存現象是詞彙擴散的核心部分。〔註1〕

語音的變化，是正在進行式。在老中青的口中聽得見，也感受到時代的鉅變，正如火如荼的進行著。也就是王士元和沈鐘偉〈詞彙擴散的動態描述〉〔註2〕一文中所闡述的現象。

3）直接接受通行腔

以下幾個名詞：相命 siɔŋ₅₁miã³³、相信 siɔŋ₃₃sin¹¹、一欉 tsit₁₁tsaŋ¹³、眞勇 tsiŋ₃₃iɔŋ⁵¹、時常 si₃₃siɔŋ¹³ 似乎並無聽到任何的頭城音，從中世代口中講出。顯然，不知不覺中已將頭城音拋諸腦後，欣然接受外來語音。

二、以在一般台閩語屬於/-iak/或/-iɔk/韻母，頭城卻歸於/-ik/韻母的語音，來做兩世代共時性的比較

例字有 15 個，以 20 個詞做比較：

六、陸、雀、菊、玉、局、祝、足、俗、續、劇、屬、擗、約、擿

表 5-2：頭城兩代 ik 韻共時性的比較表

	詞彙	61 歲以上	31 歲～60 歲
1	56	ŋɔ̃₅₅ lik³³	ŋɔ̃₅₅ liɔk³³
2	大陸	tai₁₁ lik³³	tai₁₁ liɔk³³
3	孔雀	kɔŋ₅₅ tsʰik³¹	不變
4	菊仔	kik₅₅ ga⁵¹	不變
5	玉蘭花	gik₁₁ lan₃₃ hue⁵⁵	不變

〔註 1〕 陳淑娟（2004：113）。
〔註 2〕 王士元（2002：116-146）。

6	結局	kiat₅₅ kik³³	kiat₅₅ kiɔk³³
7	郵局	iu₃₃ kik³³	iu₃₃ kiɔk³³
8	廟祝	bio₁₁ tsik³¹	bio₁₁ tsiɔk³¹
9	祝福	tsik₅₅ hɔk³³	tsiɔk₅₅ hɔk³³
10	遠足	uan₅₅ tsik³¹	uan₅₅ tsiɔk³¹
11	足爽	tsik₅₅ sɔŋ⁵¹	tsiɔk₅₅ sɔŋ⁵¹
12	風俗	hɔŋ₃₃ sik³³	hɔŋ₃₃ siɔk³³
13	俗語	sik₁₁ gi⁵¹	siɔk₁₁ gi⁵¹
14	繼續	ke₅₁ sik³³	ke₅₁ siɔk³³
15	劇本	kik₁₁ pun⁵¹	kiɔk₁₁ pun⁵¹
16	戲劇	hi₅₁ kik³³	hi₅₁ kiɔk³³
17	屬	sik³³	siɔk³³
18	擗	pik³³	不變
19	約束	ik₅₅ sɔk³¹	不變
20	摘算盤	tik₅₅ suĩ₅₁ puã¹³	不變

　　本來已稀少的語音，大多已改變，殘留下來的更少；若以上表來看，20個詞只有 6 個未變，變的佔有 70%，未變的只有 30%。巧合的是，韻母的改變從/-ik/不變成/-iak/，卻全部變成/-iɔk/。可見，優勢腔對此韻的影響力是強大、難以抗拒的。也可以說泉州腔目前似乎戰勝了漳州腔的影響。

三、兩世代對/-uĩ/韻的擇善固執

　　台諺：好種毋傳，歹種毋斷 ho₅₅tsiŋ⁵¹m̩₁₁tʰuĩ¹³，pʰãi₅₅tsiŋ⁵¹m̩₁₁tuĩ³³

　　老世代人人朗朗上口，中世代就不一定了。其中，「斷」唸[tuĩ³³]固然讓人認為是當然耳，「傳」唸[tʰuĩ¹³]，卻讓一般人想像不到。不過，其他的/uĩ/韻語彙卻是好像無動於衷，不受影響。宜蘭被稱為台灣最保守的漳州腔〔註3〕，由[uĩ]韻的大量語彙的存在證明所言不虛。當然，「傳」[tʰuĩ¹³]已變[tʰuan¹³]，難以回復；「飯」[puĩ³³]也在蛻變中，不過，並不影響[uĩ]韻語彙繼續強勢存在的事實。

　　但是，小時候曾經聽到同學講的漳州音的另一代表音[iɔ̃]韻，不論是老世代或中世代，已不再復聞；足見古早時候，若有[iɔ̃]韻的音，在頭城也早已隨

〔註 3〕陳淑娟 （2004：95）。

風而逝，不再復還。或許，此音本就不存在於頭城。雖然台南高雄方面仍有此韻，但是，有的語言調查的台閩語的語音系統亦缺乏此[iõ]韻，例如張振興《台灣閩南方言記略》。

　　由上一章，整理出 38 個單字，以下以 38 個語詞為例做語音的比較。

表 5-3：頭城兩代 uĩ 韻共時性的比較表

	詞彙	61 歲以上	31 歲～60 歲
1	姓黃	sẽ$_{51}$ uĩ^{13}	sẽ$_{51}$ uĩ^{13}
2	硫酸	liu$_{33}$ suĩ^{55}	liu$_{33}$ suĩ^{55}
3	眞遠	tsin$_{33}$ huĩ^{33}	tsin$_{33}$ huĩ^{33}
4	早頓	tsa$_{55}$ tuĩ^{11}	tsa$_{55}$ tuĩ^{11}
5	拍損	pa$_{51}$ suĩ^{51}	pa$_{51}$ suĩ^{51}
6	相借問	sio$_{33}$ tsio$_{51}$ muĩ^{33}	sio$_{33}$ tsio$_{51}$ muĩ^{33}
7	菜捲	tsʰai$_{51}$ kuĩ^{51}	tsʰai$_{51}$ kuĩ^{51}
8	月光	gue$_{11}$ kuĩ^{55}	gue$_{11}$ kuĩ^{55}
9	燜菜	tʰuĩ$_{11}$ tsʰai^{11}	tʰuĩ$_{11}$ tsʰai^{11}
10	尻川	kʰa$_{33}$ tsʰuĩ^{55}	kʰa$_{33}$ tsʰuĩ^{55}
11	苦勸	kʰɔ$_{55}$ kʰuĩ^{11}	kʰɔ$_{55}$ kʰuĩ^{11}
12	穿針	tsʰuĩ$_{33}$ tsiam^{55}	tsʰuĩ$_{33}$ tsiam^{55}
13	按算	an$_{51}$ suĩ^{11}	an$_{51}$ suĩ^{11}
14	煮飯	tsi$_{55}$ puĩ^{33}	tsi$_{55}$ puĩ^{33}
15	關門	kuãi$_{33}$ muĩ^{13}	kuãi$_{33}$ muĩ^{13}
16	滷卵	lɔ$_{55}$ nuĩ^{33}	lɔ$_{55}$ nuĩ^{33}
17	遏斷	at$_{55}$ tuĩ^{33}	at$_{55}$ tuĩ^{33}
18	花園	hue$_{33}$ huĩ^{13}	hue$_{33}$ huĩ^{13}
19	荒廢	huĩ$_{33}$ hui^{11}	huĩ$_{33}$ hui^{11}
20	拋荒	pʰa$_{33}$ huĩ^{55}	pʰa$_{33}$ huĩ^{55}
21	攢孔	kuĩ$_{51}$ kʰaŋ^{55}	kuĩ$_{51}$ kʰaŋ^{55}
22	鑽孔	tsuĩ$_{51}$ kʰaŋ^{55}	tsuĩ$_{51}$ kʰaŋ^{55}
23	褪衫	tʰuĩ$_{51}$ sã^{55}	tʰuĩ$_{51}$ sã^{55}
24	挾目珠	uĩ$_{33}$ bak$_{11}$ tsiu^{55}	uĩ$_{33}$ bak$_{11}$ tsiu^{55}
25	紅磚	aŋ$_{33}$ tsuĩ^{55}	aŋ$_{33}$ tsuĩ^{55}

26	髏過	nuĩ¹¹ kue¹¹	nuĩ¹¹ kue¹¹	
27	手軟	tsʰiu⁵¹ nuĩ⁵¹	tsʰiu⁵¹ nuĩ⁵¹	
28	毋傳*	m̩¹¹ tʰuĩ¹³	m̩¹¹ tʰuan¹³	
29	小卷仔	sio₅₅ kuĩ₅₅ ã⁵¹	sio₅₅ kuĩ₅₅ ã⁵¹	
30	吮	tsuĩ³³	tsuĩ³³	
31	血管	hue₅₁ kuĩ⁵¹	hue₅₁ kuĩ⁵¹	
32	捲螺仔旋	kuĩ₅₅ le₃₃ a₅₅ tsuĩ³³	kuĩ₅₅ le₃₃ a₅₅ tsuĩ³³	
33	楓仔樹	puĩ₃₃ ã₅₅ tsʰiu³³	puĩ₃₃ ã₅₅ tsʰiu³³	
34	有影	uĩ₃₃ iã⁵¹	uĩ₃₃ iã⁵¹	
35	酒桮仔	tsiu₅₅ suĩ₃₃ ã⁵¹	tsiu₅₅ suĩ₃₃ ã⁵¹	
36	下昏	ẽ₃₃ huĩ⁵⁵	ẽ₃₃ huĩ⁵⁵	
37	毛管孔	mɔ̃₃₃ kuĩ₅₅ kʰaŋ⁵⁵	mɔ̃₃₃ kuĩ₅₅ kʰaŋ⁵⁵	
38	手梡	tsʰiu₅₅ uĩ⁵¹	tsʰiu₅₅ uĩ⁵¹	

註：*只有「傳」的 uĩ>uan，白讀音喪失，只留文讀音。

四、韻母/-i/韻的兩代共時性的比較

例字有 29 個字：

趣、書、暑、處、煮、製、雨、嶼、與、挈、杵、字、乳、余、預、去、思、慮、旅、呂、鼠、屬、豬、取、薯、辭、居、除、魚

表 5-4：頭城兩代 i 韻共時性的比較表

	詞彙	61 歲以上	31 歲～60 歲	
1	興趣	hiŋ₅₁ tsʰi¹¹	hiŋ₅₁ tsʰu¹¹	
2	秘書	pi₅₁ si⁵⁵	不變	
3	書記	si₃₃ ki¹¹	su₃₃ ki¹¹	
4	圖書館	tɔ₃₃ si₃₃ kuan⁵¹	有些不變	tɔ₃₃ su₃₃ kuan⁵¹
5	大暑	tai₁₁ si⁵¹	有些不變	tai₁₁ su⁵¹
6	小暑	siau₅₅ si⁵¹	sio₅₅ su⁵¹	
7	處暑	tsʰi₅₁ si⁵¹	tsʰu₅₅ su⁵¹	
8	煮飯	tsi₅₅ puĩ³³	有些不變	tsu₅₅ pŋ̩³³
9	製造	tsi₅₁ tso³³	有些不變	tse₅₁ tso³³
10	雨水	i₅₅ sui⁵¹	u₅₅ sui⁵¹	

11	大嶼	tua$_{11}$ si^{33}	不變
12	海嶼	hai$_{55}$ si^{33}	無
13	爭取	tsiŋ$_{33}$ tsʰi^{51}	tsiŋ$_{33}$ tsʰu^{51}
14	眞挈	tsin$_{33}$ dzi^{13}	不變
15	舂杵	tsiŋ$_{33}$ tsʰi^{51}	無
16	錢鼠	tsĩ$_{33}$ tsʰi^{51}	不變
17	無去	bo^{13} kʰi^{11}	不變
18	烏豬	u$_{33}$ ti^{55}	不變
19	相思	sĩu$_{33}$ si^{55}	不變
20	番薯	han$_{33}$ tsi^{13}	不變
21	姓呂	sẽ$_{51}$ li^{33}	不變
22	考慮	ko$_{55}$ li^{33}	不變
23	相辭	sio$_{33}$ si^{13}	不變
24	同居	toŋ$_{33}$ ki^{55}	不變
25	開除	kʰai$_{33}$ ti^{13}	不變
26	烏魚	ɔ$_{33}$ hi^{13}	不變
28	姓余	sẽ$_{51}$ i^{13}	不變
29	預備	i$_{11}$ pi^{33}	不變
30	豆乳	tau$_{11}$ dzi^{51}	不變
31	寫字	sia$_{55}$ dzi^{33}	不變

由以上的比較表得知，

1. 趣 tsʰi^{11}>tsʰu^{11}，中世代已聽不到[tsʰi^{11}]的音。

2. 書 si^{55}>su^{55}，只有「秘書」、「代書」音未變，「圖書館」正在多元糾葛中，「書記」已轉成海口腔。

3. 暑 si^{51}>su^{51}，暑假，老世代講歇熱[he$_{51}$dzua^{33}]，無人講[si$_{55}$ka^{51}]，中世代講歇熱[he$_{51}$dzua^{33}]或暑假[su55ka51]，不解節令名稱的中世代自然將暑講成暑假的暑[su^{51}]，於是，si^{51}>su^{51}的語音音變的詞彙擴散，在中世代已完成音變，不知暑[su^{51}]原來讀[si^{51}]。

4. 處 tsʰi^{11}>tsʰu^{11}，只有老世代了解節氣變遷者才會講。中世代從商者多，只有[tsʰu^{11}]的音，例如：處理 tsʰu$_{55}$li^{51}、好處 ho$_{55}$tsʰu^{11}。無形中，中世代已接受新的語音。

5. 煮 tsi⁵¹>tsu⁵¹，煮飯[tsi₅₅puĩ³³]、[tsu₅₅puĩ³³]、[tsu₅₅pŋ̃³³]都有人講，其語音音變的詞彙擴散正在進行中。但是，煮飯[tsi₅₅puĩ³³]、食飯[tsia₁₁puĩ³³]還是強勢的在地語音。

6. 製 tsi¹¹>tse¹¹，一般大眾都講製造[tse₅₁tso³³]，只有少數老年層，鄉音不變，仍然在講[tsi₅₁tso³³]。

7. 雨 i⁵¹>u⁵¹，雨水，中世代不是講[hɔ₁₁tsui⁵¹]就是講[u₅₅sui⁵¹]，雨[i⁵¹]的音可能只存在知道前省議員郭雨新[kue₅₁i₅₅sin⁵⁵]者口中的「雨」字。

8. 取 tsʰi⁵¹>tsʰu⁵¹，爭取[tsiŋ₃₃tsʰi⁵¹]已成[tsiŋ₃₃tsʰu⁵¹]，難以再[tsiŋ₃₃tsʰi⁵¹]回來。

9. 杵 tsʰi⁵¹>tsʰu⁵¹，只有中藥店的老里長會講研磨藥粉的舂杵[tsiŋ₃₃tsʰi⁵¹]，一般大眾並無此語彙。

10. 嶼 si³³>su³³，老中世代漁民都講大嶼[tua₁₁si³³]，彭佳嶼[pẽ₃₃ka₃₃si³³]；漁民雖然語音不變，但是，年長非漁民雖然會講大嶼[tua₁₁si³³]，彭佳嶼卻變成[pʰẽ₃₃ka₃₃su³³]，顯然是外來的語音，包含收音機、電視媒體而來的語音所影響。

11. 挐 dzi¹³>dzu¹³，眞挐[tsin₃₃dzi¹³]，指某人因對某事的耿耿於懷，一直糾纏另一人。其他台閩語講[tsin₃₃dzu¹³]或[tsin₃₃lu¹³]，頭城人仍然擇善固執，堅守崗位。

12. 公寓，老年層也講公寓[kɔŋ₃₃u⁵¹]，更遑論是中世代了。經查頭城原本並無公寓，都是自家的透天厝。此名詞，應是從台北傳來。宜蘭市才講公寓[kɔŋ₃₃i⁵¹]。

簡而言之，其他/i/韻的例字，或許有人已被影響，至少在調查的中世代裡，還是以不變應萬變。

五、「省」字的音[sẽ⁵¹]或[siŋ⁵¹]的選擇

藍清漢（1980：182）記載兩個音[sẽ⁵¹]和[siŋ⁵¹]。在頭城，對於外省人叫「外省仔」gua₁₁sẽ₅₅ã⁵¹、「外省儂」gua₁₁sẽ₅₅laŋ¹³；節約用水講「省水」sẽ₅₅tsui⁵¹

只有講「台灣省」的時候，有兩種音[tai₃₃uan₃₃sẽ⁵¹]、[tai₃₃uan₃₃siŋ⁵¹]出現。是否是因為「台灣省」這個語彙，一般大眾比較能公開講，才會有音變的影響？

陳淑娟（2004：92）：

接觸的兩個音，若音韻距離越大，則該語音越容易產生社群互相聯

繫的社會評價，在語言因素和社會因素交互作用下，語音變化較
快……。

（美）王士元（2000：79）：

Phillips（1984）提出一項令人信服的論點，即音變的驅動方式之一
和詞頻有關：頻率最高的語詞受到生理引發的因素的影響，而頻率
最低的語詞受到概念引發的因素的影響。

依以上的論點，正好顯現出為何台灣省的「省」較會產生音變了。因為，「台
灣省」這名詞是可以公開講的；相對的，「外省儂」或「外省仔」是比較隱密
的、在地的。因此，「台灣省」的語音經常與外界接觸，直接受到外界公開的
挑戰。當兩個語音碰在一起時，宜蘭音的特色馬上會被質問、嘻笑，社會評
價也就出現在每個人的心中。於是，有人會馬上改變其腔調，從[sẽ^{51}]改成
[siŋ^{51}]，自然這個名詞的語音變化就較快了。不過，總的來說，目前，省[sẽ^{51}]
在中世代，還是屹立不搖。

六、小結

在訪談調查期間的發現：

1. 60 歲以上的發音合作人，仍會使用原來的在地音。不過，經常要和外
界接觸者，如廟宇的江姓主委，每年數次帶進香團到各處廟宇巡迴參訪，或
接待他處來訪的進香團，雖年 74，長住頭城，卻與外界接觸頻繁，偶有部分
語音會被外界語音所影響。還有從事印刷業的盧姓發音人，也有這種現象。

2. 61 歲以上的發音人，在地農民或漁民，才有較純正、不變的在地語音。
尤其是較不外出旅遊、不到外地子女住處長住者，更不會有音變的現象。

3. 60 歲以下的發音人，其語音因職業關係、或年輕時在外縣市求學、或
受電視長期影響、或受晚輩講華語不講台語的影響、或與外縣市親戚聯繫的
關係，其語音的「詞彙擴散效應」，早已在進行當中。有些人視情況，兩種語
音都會運用。

4. /-i/韻的詞彙，已有部分從 i>u，且一去不復還，還好，仍有多數存在台
語族群的運用當中。

5. 「省」音[sẽ^{51}]，幾乎不變；偶而會聽到[siŋ^{51}]的語音，仍是極為少數。

6. 代表漳州音之一的/uĩ/韻的語彙，仍然普遍存在於講台語的世代中，雖
然隨時受到衝擊，並未因此而有所改變。

7. 年輕人互相交談，極少聽到用台語者，經訪談數位 30 歲以下的上班族和學生，發現其語音已多屬通行腔且無一致性的語音系統，台語詞彙也已大量失落，故不做三世代的語音比較，只做兩世代的語音比較。這種演變讓人對台閩語的前途，特別感到憂心忡忡。誠如一位發音合作人陳述，她的兒子對她講，他只有回家才和她講台語，他們同學在一起都是講「國語」，可見現在的年輕人使用台語的頻率是極端欠缺的。

8. 最重要的是 iŋ 韻的音變方向，從老年層轉到中年層的 iɔŋ 韻，在同音字表中可看到 iŋ>iɔŋ。若沒有轉到 iɔŋ 韻（恭韻），則表示尚未產生音變或本來就是 iŋ 韻（經韻）。筆者在中年層無法找到 iŋ>iaŋ 韻（姜韻）的音變，這點和簡佳敏（2005）有所不同。因此，目前在頭城是沒有 iaŋ 和 iak 兩韻的，若有也是不完整的韻，而老年層不但沒有 iaŋ（k），也沒有 iɔŋ（k）韻。

為什麼頭城腔的/-iŋ/會直接變成通行腔的/-iɔŋ/？為什麼廈門腔在漳泉腔的競爭中，在這方面也偏向/-iɔŋ/？為什麼台南腔也一樣？在語音變化的研究中，Labov 提出「母音轉變的三原則」（Three principle of vowel shifting）〔註4〕，其中原則 2-A，在語音轉變時，雙母音滑音的核心會下降（In chain shifts, the nuclei of upgliding diphthongs fall），於是，滑音央元音 ə 下降到後半低元音 ɔ。其次，有些母音發音時，發音器官各部份的肌肉都比較緊張（tense），有些則比較鬆弛（lax）〔註5〕。譬如：o 比 ə 鬆弛，而 ɔ 比 o 鬆弛，因此，ɔ 比 ə 鬆弛。第三，歷史的語音變化常呈現由繁至簡（意即從比較難發音的聲音變為比較容易發音的聲音）的傾向。〔註6〕基於上述 3 個理由，如果將/-iŋ/再還原以/-iəŋ/表示，/-iəŋ/>/-iɔŋ/有滿足發音自然下降、由緊張至鬆弛、由困難至簡單三個條件。另外，開口音/a/比半開口音/ɔ/，來得緊張，且從/ə/立即變成/a/，其變化較大，似乎較無此必要；職是之故，當/-iaŋ/韻和/-iɔŋ/韻在競爭時，/-iɔŋ/的被接受度是比較強且輕鬆自然的。於是，在/-iaŋ/韻和/-iɔŋ/韻的競爭中，/-iɔŋ/韻在廈門、台南和頭城都取得勝利。當然，目前優勢腔的咄咄逼近，也是/-iɔŋ/韻快速節節取勝的另一個有利的條件了。

〔註4〕 William Labov （ 2007：116）。
〔註5〕 謝國平（2005：78）。
〔註6〕 謝國平（2005：295）。

第六章　頭城田調與「礁溪音」、「羅東音」做比較

　　筆者本次在頭城做的田野調查，以張屏生在 1996 年 8 月、2003 年 4 月調查，2008 年自印本的《宜蘭閩南話語彙稿》爲主要依據；在魚類方面，爲滿足外澳資深年長漁民的需要，輔以 2007 年吳佳瑞、賴春福著作出版的《菜市場魚圖鑑》，訪談漁民，增加訪談的方便性、豐富性和相同的理解性，並提升魚類專業的可信度。在農事用品、廟會神明、中醫藥、病症、各行業人事、風俗民情等，都有適當的在地人士接受訪談，有八旬家庭主婦、有近八旬退休老師、前火車站站長、中藥行負責人、事業負責人、多位從事不同事業，見多識廣的里長們、上班族、圖書館志工、農會公務員、便利商店服務員、廚師、更有近九旬當過日本兵的老先生，讓這次的田野調查的語料和 1980 年藍清漢《中國與宜蘭方言語彙集》（礁溪音）以及 2008 年張屏生《宜蘭閩南話語彙稿》（羅東音）來做比較，更具有參考性和可讀性。

　　本章針對三個年代在宜蘭不同的地理環境所做出的語音、語彙，也就是針對筆者記錄的頭城音、藍清漢語彙集的礁溪語音和張屏生記錄的羅東音，從語彙集中的詞形、詞義和音讀記錄，做異時性〔註1〕（diachronic）的比較分析，以了解 95%漳州腔的蘭陽平原裏，在不同時間、不同地理環境，有哪些不同的語彙和語音？語音有何今昔的變化？往什麼方向變化？爲什麼會變化？變化的速度在不同的地理環境，是否有快慢的問題？

　　筆者謹就「詞形」、「詞義」和「音讀」三方面做的分析比較如下：

〔註 1〕廖炳惠　（2007：78）。

一、詞形不同，詞義相同

三個版本，詞形完全不同之處其實很少，也有交集的部分，請參閱下表。

條目	頭城田調	藍本	羅東
1.鴨舌帽	拍鳥帽仔 p^ha_{51} $tsiau_{55}$ bo^{33} a^{51}	——	瓠佬觳仔 pu_{33} lau_{55} $k^hɔk_{55}$ ga^{51}
2.向日葵	向日紅 $hiŋ_{51}$ $dzit_{11}$ $hɔŋ^{13}$	向日葵 $hiŋ_{51}$ $dzit_{11}$ k^hui^{13}	日葵 $dzit_{11}$ k^hui^{11}
3.瓤	瓤 $nŋ^{55}$	瓜仔仁 kue_{33} a_{55} $dzin^{13}$	瓤 $nŋ^{13}$
4.青椒	大同仔 tai_{11} $tɔŋ_{33}$ $ŋã^{51}$	青薑仔 $ts^hiŋ_{33}$ $kĩu_{33}$ $ã^{51}$	番薑仔 $huan_{33}$ $kĩu_{33}$ $ã^{51}$
5.開檔褲	倒換褲仔 to_{51} $uã_{11}$ $k^hɔ_{55}$ a^{51}	——	開骹褲仔 k^hui_{33} k^ha_{33} $k^hɔ_{55}$ a^{51}
6.樓房	樓仔厝 lau_{33} a_{55} ts^hu^{11}	西洋樓 se_{33} $ĩu_{33}$ lau^{13}	樓仔厝 lau_{33} a_{55} ts^hu^{11}
7.廂房	護龍 $hɔ_{11}$ $liŋ^{13}$	廂房 $sĩu_{33}$ $paŋ^{13}$	護龍 $hɔ_{11}$ $liŋ^{13}$
8.門楣	門斗 $muĩ_{33}$ tau^{51}	門楣 $muĩ_{33}$ bi^{13}	門斗 $muĩ_{33}$ tau^{51}
9.曾祖父	查夫祖 tsa_{33} $pɔ_{33}$ $tsɔ^{51}$	赤骹祖 ts^hia_{51} k^ha_{33} $tsɔ^{51}$	——
10.曾祖母	查某祖 tsa_{33} $bɔ_{55}$ $tsɔ^{51}$	縛骹祖 pak_{11} k^ha_{33} $tsɔ^{51}$	——
11.連襟	同姨丈〔註2〕 $taŋ_{33}$ i_{33} $tĩu^{33}$	大細身 tua_{11} se_{51} sin^{55}	大細賢 tua_{11} se_{51} $sian^{55}$
13.犬齒	角齒 kak_{55} k^hi^{51}	狗齒 kau_{55} k^hi^{51}	二齒 li_{11} k^hi^{51}
14.喉結	喉結 au_{33} kat^{33}	頷核仔 am_{11} hut_{55} la^{51}	——
15.人的尾椎	尾當骨〔註3〕 bue_{55} $taŋ_{33}$ kut^{31}	——	尾椎 bue_{55} $tsui^{55}$

〔註2〕 現在也講「大細先」。

〔註3〕 發音人82歲的黃松林老師強調，「尾椎」是雞用的稱呼，人要用「尾當骨」的稱呼。

16.肩胛骨	飯匙骨 pui$_{11}$ si$_{33}$ kut^{31}	白鴿鷥骨 pe?$_{31}$ liŋ$_{33}$ si$_{33}$ kut^{31}	飯匙骨 pui$_{11}$ si$_{33}$ kut^{31}
17.全身赤裸	褪褲屍 t^{h}ui$_{51}$ k^{h}ɔ$_{51}$ lan^{33}	赤尻川 ts^{h}ia$_{51}$ k^{h}a$_{33}$ ts^{h}ui^{55}	——
18.苦力	呼勞 k^{h}ɔ$_{33}$ lo^{33}	苦力 ku$_{33}$ li^{51}	呼勞 k^{h}ɔ$_{33}$ lo^{33}
19.扒手	剪綹仔 tsian$_{55}$ liu$_{55}$ a^{51}	搶夾仔 ts^{h}iu$_{55}$ giap$_{55}$ ba^{51}	剪綹仔 tsian$_{55}$ liu$_{55}$ a^{51}
21.圍裙	圍裌仔 ui$_{33}$ ka$_{55}$ a^{51}	圍軀群仔 ui$_{33}$ su$_{33}$ kun$_{33}$ nã^{51}	圍軀群仔 ui$_{33}$ su$_{33}$ kun$_{33}$ nã^{51}
22.自然熟	在欉紅 tsai$_{11}$ tsaŋ$_{33}$ aŋ^{13}	——	在欉黃 tsai$_{11}$ tsaŋ$_{33}$ ŋ^{13}

二、詞形相同，詞義不同

　　從下表舉例得知，有些語彙雖然相同，發音人腦海中的語義卻是大大的不同。雖然同處蘭陽平原，卻有不同的語義。為數不多，值得一記。

條目	音值	頭城田調	藍本	羅東
1.鮎鮐	kɔ$_{33}$ tai^{55}	七星鱧	黃鱔	七星鱧
2.龜綏	ku$_{33}$ sui^{55}	講話吞吞吐吐	——	孤僻
3.粗紙	ts^{h}ɔ$_{33}$ tsua^{51}	砂紙	——	衛生紙
4.豆粕仔	tau$_{11}$ p^{h}o$_{55}$ a^{51}	豆豉渣	豆豉渣	磨豆漿渣
5.豆頭	tau$_{11}$ t^{h}au^{13}	磨豆漿渣	——	——
6.毛呼仔	mɔ̃$_{33}$ hɔ$_{33}$ a^{51}	有形無影的東西	——	一種祭拜品
7.臭腥	ts^{h}au$_{51}$ ts^{h}ẽ^{11}	生蔬菜青澀味	羊騷味	生蔬菜青澀味或魚腥味
8.米糕潒	bi$_{55}$ ko$_{33}$ siũ^{13}	（為愛）死纏活纏（某女性）	——	性騷擾

三、詞形相同，音讀之異同

　　1. 在以下的舉例中，可分為三類的音讀的異同：

　　1）頭城和藍本相同——這種語音最多，如利息、簿子、裁縫、重陽節、打算盤、菜園、鹿茸、中秋、轉、摔、風俗、哪裡等。其中，我們發現兩者有相同的聲母、韻母：如「裁」，裁縫[tsai$_{33}$ hoŋ^{13}]取聲母/ts/；裁剪[ts^{h}ai$_{33}$ tsian^{51}]取聲母/ts^h/，羅東則只有送氣音的聲母/ts^h/；如釋迦「sik$_{51}$ kia^{55}」的聲母/k/，羅

東則是送氣音/kʰ/；如韻母/iŋ/的重、陽、茸、中、芎，羅東則是/iɔŋ/；如韻母/uĩ/的園、轉，羅東則是/ŋ̇/；如韻母/it/的息，羅東則是/ik/；如韻母/ik/的摔和俗，羅東則是/iak/和/iɔk/；如韻母/ɔ/的簿，羅東則是/ɔk/。在同音字表和語料比較中，我們可以看到頭城田調和礁溪音的藍本，在相隔將近30年的異時性的記錄裏，仍然有大量相同的語音，可見，頭城老年層的語音是和藍本的礁溪音相當吻合的。

2）藍本和羅東相同──只有少數，如外省仔、雪文、椰子等；同時，也和通行腔一致，反而是頭城腔有其地域性的特色。

3）頭城、藍本、羅東各異──在語料比較中，是少數的例外。如拍麻雀（打麻將）、紅毛塗（水泥）、檳榔。尤其是紅毛塗的羅東音，特別不同；而檳榔的音也在三處各適其所。

2. 在比較表和語料中，我們看到如下的情形：

1）藍本中，只有韻母/iŋ（k）/，沒有/iaŋ（k）/和/iɔŋ（k）/；羅東音則有韻母/iŋ（k）/、/iaŋ（k）/和/iɔŋ（k）/。而頭城的老世代也是只有韻母/iŋ（k）/，和藍本一致。頭城的中世代，可能在逐一的語彙上不一定和羅東一樣，卻含有韻母/iŋ/、/iɔŋ/。這是不是也意味著羅東的音變的詞彙擴散比頭城快？而一部份的韻母/iŋ/語彙，也朝向著/iɔŋ/改變，不朝向/iaŋ/的改變！

2）在/uĩ/和/ŋ̇/部分，發現藍本和頭城老世代是較爲一致的；而羅東音，依據記錄，已有多數已從/uĩ/韻音變成/ŋ̇/韻，音變的詞彙變化已經或正在進行，且向著泉州音系的方向變化，甚至比頭城的中世代還快速，足見商業鄉鎮的語音變化較農業鄉鎮的語音變化還快。

3）在「省」sẽ 和 siŋ 部分，藍本雖有「省」sẽ 和 siŋ 兩種記音，在講「外省仔」時，卻只有一種記音[gua₁₁ siŋ₅₅ ŋã⁵¹]；這點，藍本和羅東音卻是一致的。可見頭城和外界的接觸，是較晚和緩慢的。因爲長期以來，外人通常直接到礁溪、宜蘭、羅東住宿旅遊，比較不會到頭城住宿、旅遊。經查詢後發現頭城並無旅社，可見旅遊人士應是到臨近的礁溪，以便洗溫泉。

條目	台閩語	頭城田調	藍本（礁溪）	張本（羅東）
1.外省人	外省仔	gua₁₁ sẽ₅₅ ã⁵¹	gua₁₁ siŋ₅₅ ŋã⁵¹	gua₁₁ siŋ₅₅ ŋã⁵¹
2.利息	利息	li₁₁ sit³¹	li₁₁ sit³¹	li₁₁ sik³¹
3.簿子	簿仔	pʰɔ³³ a⁵¹	pʰɔ³³ a⁵¹	pʰɔk³³ ga⁵¹

4.裁縫	裁縫	tsai$_{33}$ hɔŋ^{13}	tsai$_{33}$ hɔŋ^{13}	tsʰai$_{33}$ hɔŋ^{13}
5.釋迦	釋迦	sik$_{55}$ kia^{55}	sik$_{55}$ kia^{55}	sik$_{55}$ kʰia^{55}
6.重陽節	重陽節	tiŋ$_{33}$ iŋ$_{33}$ tseʔ^{31}	tiŋ$_{33}$ iŋ$_{33}$ tseʔ^{31}	tiɔŋ$_{33}$ iaŋ$_{33}$ tseʔ^{31}
7.打算盤	摘算盤	tik$_{55}$ suĩ$_{51}$ puã^{13}	tik$_{55}$ suĩ$_{51}$ puã^{13}	tiak$_{55}$ suĩ$_{51}$ puã^{13}
8.菜園	菜園仔	tsʰai$_{51}$ huĩ$_{33}$ ã^{51}	tsʰai$_{51}$ huĩ$_{33}$ ã^{51}	tsʰai$_{51}$ hŋ$_{33}$ ã^{51}
9.鹿茸	鹿茸	lɔk$_{11}$ dziŋ^{13}	lɔk$_{11}$ dziŋ^{13}	lɔk$_{11}$ dziɔŋ^{13}
10.打麻將	拍麻雀	pʰa$_{51}$ muã$_{33}$ tsik^{31}	pʰa$_{51}$ mã$_{33}$ tsik^{31}	pʰa$_{51}$ muã$_{33}$ tsiak^{31}
11.中秋	中秋	tiŋ$_{33}$ tsʰiu^{55}	tiŋ$_{33}$ tsʰiu^{55}	tiɔŋ$_{33}$ tsʰiu^{55}
12.轉	轉	tuĩ^{51}	tuĩ^{51}	tŋ^{51}
13.摔	摔	sik^{31}	sik^{31}	siak^{31}
14.涼	涼	liŋ^{13}	liŋ^{13}	liaŋ^{13}
15.川芎	川芎	tsʰuan$_{33}$ kiŋ^{55}	——	tsʰuan$_{33}$ kiɔŋ^{55}
16.風俗	風俗	hɔŋ$_{33}$ sik^{33}	hɔŋ$_{33}$ sik^{33}	hɔŋ$_{33}$ siɔk^{33}
17.哪裡	佗位	ta$_{55}$ ui^{33}	ta$_{55}$ ui^{33}	to$_{55}$ ui^{33}
18.私房錢	私奇	su$_{33}$ kʰia^{55}	——	sai$_{33}$ kʰia^{55}
19.肥皂	雪文	suat$_{55}$ bun^{13}	sap$_{55}$ bun^{13}	sap$_{55}$ bun^{13}
20.檳榔	檳榔	pun$_{33}$ nŋ^{13}	piŋ$_{33}$ nŋ^{13}	pin$_{33}$ nŋ^{13}
21.荔枝	荔枝	le$_{11}$ tsi^{55}	nãi$_{11}$ tsi^{55}	le$_{11}$ tsi^{55}
22.椰子	椰子	gia$_{33}$ tsi^{51}	ia$_{55}$ tsi^{51}	ia$_{55}$ tsi^{51}
23.水泥	紅毛塗	am$_{33}$ mɔ̃$_{33}$ tʰɔ^{13}	aŋ$_{33}$ mɔ̃$_{33}$ tʰɔ^{13}	a$_{33}$ buan$_{33}$ tʰɔ^{13}

四、詞形相同，音調之異同

在音調的記載上，藍本以符號記錄，筆者將之改成數字記錄，以便三者的比較分析；同時，列表舉例如下，以方便比對。

條目	台語	頭城田調	藍本（礁溪）	張本（羅東）
1.陀螺	干樂	kan$_{33}$ lɔk^{33}	kan$_{33}$ lɔk^{55}	kan$_{33}$ lɔk^{55}
2.摑	摑	kuat^{33}	kuat^{55}	kuat^{33}
3.墨	墨	bak^{33}	bak^{55}	bak^{33}
4.畢業	畢業	pi$_{11}$ giap^{33}	pi$_{11}$ giap^{33}	pit$_{55}$ giap^{55}

5.用五指抓著	搦	lak^{33}	lak^{55}	lak^{33}
6.勤快	骨力	$kut_{55} lat^{33}$	$kut_{55} lat^{31}$	$kut_{55} lat^{55}$
7.日蝕	蝕日	$sit_{55} dzit^{33}$	$sit_{55} dzit^{55}$	$sit_{55} dzit^{33}$
8.驚蟄	驚蟄	$k\tilde{e}_{33} tit^{33}$	$ki\tilde{a}_{33} tit^{55}$	$k\tilde{e}_{33} tit^{33}$
9.八角	八角	$pe\textipa{P}_{51} kak^{31}$	$pe\textipa{P}_{55} kak^{31}$	$pe\textipa{P}_{51} kak^{31}$
10.蝸牛	露螺	$lɔ_{51} le^{13}$	$lɔ_{51} le^{13}$	$lɔ_{11} le^{13}$
11.抹布	桌布	$to_{51} pɔ^{11}$	$to_{51} pɔ^{11}$ $to\textipa{P}_{55} pɔ^{11}$	$to_{51} pɔ^{11}$

　　1. 在藍本裡，我們發現音調的記錄有兩個必須提出的問題：

　　1）關於陽入調：

　　雖然喉塞音的陽入調歸入陽去調，白 pe^{33}、食 $tsia^{33}$；其 p、t、k 陽入調卻多用高促調記錄，使得閱讀時感到特別格格不入；而畢業的「業」卻是正確的記成中平促調 $giap^{33}$，因此，顯得有些混亂。因為蘭陽平原並無高促調的本調，尤其是在 1980 年代的時候，更不可能有這種音調，顯示記錄與實際是有差距的。

　　在藍清漢（1980：45），第七聲也就是陽入調，「滑」的三連音變調，用符號記成[kut˥ kut˩ kut˥]，用數字法可標記成[$kut_{55} kut_{11} kut^{55}$]就和實際的宜蘭腔有差異，若記為[kut˦ kut˩ kut˨]或[$kut_{35} kut_{11} kut^{33}$]應該會比較貼切。

　　2）關於陰入的變調：

　　又如陰入的變調中，喉陰入是有可能變成高平調的，但是主要是變成高降調。然而，藍本卻多記有高促調和高降調，似乎受到一般台閩語記音規則的影響，導致書面的記音與實際的語音有差異性存在。

　　審查藍清漢（1980：45），第六聲也就是陰入調的三連音變調，「博博博」用符號記成[$p^hɔk$˥ $p^hɔk$˥ $p^hɔk$˩]，改成數字標記則是[$p^hɔk_{55} p^hɔk_{55} p^hɔk^{11}$]，若記成[$p^hɔk$˥ $p^hɔk$˥ $p^hɔk$˨]或[$p^hɔk_{55} p^hɔk_{55} p^hɔk^{31}$]應該更貼切。同時，其喉塞陰入音的變調，如果是鴨仔[a\textipa{P}˥a˦]藍清漢（1980：27），由於，鴨[$a\textipa{P}^{31}$]> [$a\textipa{P}^{55}$]的音值是正確的，但是喉塞音應去除，改成陰平調才好，也就是[$a_{55} a^{51}$]；不過，藍清漢（1980：18）凹凹[$m\tilde{ɔ}\textipa{P}$˥˩ $m\tilde{ɔ}\textipa{P}$]，改成數字法則是[$m\tilde{ɔ}\textipa{P}_{55}m\tilde{ɔ}\textipa{P}^{11}$]，似乎無法正確表達原汁原味的語音，若改成[$m\tilde{ɔ}_{51}m\tilde{ɔ}\textipa{P}^{31}$]的音值，就舒服多了；又如「駁岸」記有[$po_{51} hu\tilde{a}^{33}$]和[$po\textipa{P}_{55} hu\tilde{a}^{33}$]兩種，前者是實際音值，後者係傳統標準音值卻

和實際方音音值不符，恐讓不知者誤會，值得注意。而，顯然，喉陰入的變調規則是有變成 55 和 51 兩種的（參考本文頁 48）。又如（1980：240）拍手，拍噗仔記有兩種[pʰaʔˋ lʔ pʰɔˋ↑aˊ]和[pʰaˊ pʰɔkˋaˊ]，改成數字法則是[pʰaʔ₅₅ pʰɔ³³a⁵¹]和[pʰa₅₁ pʰɔk⁵⁵a⁵¹]；在筆者讀來，都有不自在的感覺。以筆者的音感，應該記成[pʰa₅₁ pʰɔk³³ga⁵¹] 或 [pʰaˊ pʰɔkˋgaˊ]才符合喉陰入變成高降調，陽入本調和陽去調相同音值的宜蘭音調規則。原來，藍清漢（1980：41-42）表明「陰入變陽入，陽入變陰入」的傳統變調規則，這規則侷限了其藉記錄表達的真實性，讓其文本在變調記錄上變成一個失真的記錄，也將讓不諳宜蘭腔的外來者受到誤導，殊屬可惜。

　　2. 在張屏生羅東音的記錄裡，也發現有音系不一致的問題：

　　1）關於陽入調：雖然大多記錄成中平促調，卻也是有記成高促調的情形。

　　如干樂的「樂」lɔk⁵⁵、畢業 pit₅₅giap⁵⁵、掘 kut⁵⁵、提 tʰe?⁵⁵、撋 dziɔk⁵⁵、捋力 kut₅₅lat⁵⁵ 等等。筆者認為應記錄為樂 lɔk³³、業 giap³³、掘 kut³³、提 tʰe?³³、撋 dzik³³、力 lat³³，才符合宜蘭腔的音值描述。由於張屏生是在 1996 年 8 月、2003 年 4 月的田野調查，是否發音合作人的語音變化已經產生，不無可能。因為，羅東本是木材集散地，生意人聚集在小城市或許其外來的影響比頭城更早發生、語音更快轉變與擴散。

　　2）讓陽入和陰入混淆的標音：《宜蘭閩南話語稿》中，「恐嚇」kʰiɔŋ₅₅hat³、遏 at³、「擗」piak³、「同學」tɔŋ₃₃hak³、「成績」siŋ₃₃tsik³；若改成「恐嚇」kʰiɔŋ₅₅hat³¹、「遏」at³¹、「擗」piak³³、「同學」tɔŋ₃₃hak³³、「成績」siŋ₃₃tsik³¹ 應可讓讀者更能正確了解所記錄的腔調。也就是陰入標記 31，陽入標記 33，即可使其符合語音音值。但是，張屏生認為羅東音〔註4〕：

　　　　聲調方面，陰陽入不分，喉陽入併入陽去調

　　因此，在語稿中陰陽入的標記和實際的音值，是有值得商榷的空間。

　　3. 其他：「露」的音調和通行腔的不同，例如：白露[pe₁₁ lɔ¹¹]、寒露[han₃₃ lɔ¹¹]、露營[lɔ₅₁ iã¹³]、露水[lɔ₅₁ tsui⁵¹]、露螺[lɔ₅₁ le¹³]。張屏生的羅東音記錄卻有兩種：白露[pe₁₁ lɔ³³]、寒露[han₃₃ lɔ³³]、露水[lɔ₅₁ tsui⁵¹]、露螺[lɔ₁₁ le¹³]；本調是 lɔ³³ ，變調有 lɔ₁₁ 和 lɔ₅₁，本調改變，變調規則也有變，可見「露」的羅東音已有宜蘭腔和優勢腔兩音並存的現象。目前頭城的田調顯示，老中兩世

〔註4〕張屏生（2007a：48，冊一）。

代，仍然保持原來的語音，未受到混淆。也就是「露」的本調是[lɔ¹¹]，變調是[lɔ⁵¹]，與宜蘭腔規則吻合。

五、書面語的記錄

在藍本裡有一些較特殊的部分，就是有關書面語的記錄。筆者在訪談時，並未聽到發音人有這樣的講法。如：不講「護龍」講「廂房」、不講「門斗」講「門楣」、不講「呼勞」講「苦力」；不講「深井」講「天井」；不講「洘流」講「退潮」。這類名詞並不存在於筆者的發音合作人的口中，除「蓋厝」類似「蓋房子」的意思外，都是屬於書面語，而且，台語的「起厝」，也未見「蓋厝」這種語彙。還有，「找職業」在宜蘭地區應該是講「揣頭路」tsʰui₁₁ tʰau₃₃ lɔ³³，藍清漢（1980：17）的記錄卻是「覓頭路」ba₁₁ tʰau₃₃ lɔ³³。

	書面語	藍本語音	頭城語彙	頭城語音
1	漲潮	tĩu₅₁ tiau¹³	灠流	lam₃₃ lau¹³
2	退潮	tʰe₅₁ tiau¹³	洘流	ko₅₅ lau¹³
3	逆水	gik₁₁ tsui⁵¹	摺水	tsĩ₅₁ tsui⁵¹
4	章魚	tsĩu₃₃ hi¹³	石蜞	tsio₁₁ kʰi¹³
5	水母	tsui₅₅ bo⁵¹	蛇	tʰe³³
6	麵筋	mĩ₁₁ kin⁵⁵	麵麶	mĩ₁₁ tʰi⁵⁵
7	豌豆	uan₅₅ tau₃₃ a⁵¹	敏豆仔	bin₅₅ tau₃₃ a⁵¹
8	鯨魚	kiŋ₃₃ hi¹³	海翁	hai₅₅ aŋ⁵⁵
9	曇花	tʰam₃₃ hue⁵⁵	瓊花	kʰiŋ₁₁ hue⁵⁵
10	天井	tĩ₃₃ tsẽ⁵¹	深井	tsʰim₃₃ tsẽ⁵¹
11	門楣	muĩ₃₃ bi¹³	門斗	muĩ₃₃ tau⁵¹
12	門墩	muĩ₃₃ tun⁵⁵	門臼	muĩ₃₃ kʰu³³
13	門簾	muĩ₃₃ lian¹³	門簾仔	muĩ₃₃ li₃₃ a⁵¹
14	羌	tsiŋ⁵⁵	羌仔	kĩu₃₃ ã⁵¹
15	胰	i¹³	腰尺	io₃₃ tsʰioʔ³¹

以上藍本的講法，並不是一般台語的講法，應該是按照華語的書面語來翻譯，爲數雖然不多，還是舉例出來，做一個了解與比較。

第七章　結　論

　　本研究係針對宜蘭縣頭城鎮的台語語音系統及詞彙進行探討，並將老世代和中世代做共時性的語音、詞彙比較，以了解老年層和中年層在音變的「詞彙擴散」

（lexical diffusion）情形；同時，與 1980 年藍清漢《中國語宜蘭方言語彙集》以及 2008 年張屏生《宜蘭閩南話語彙稿》做異時性（diachronic）的比對，從中查看頭城腔台語的語音、語彙與上述兩部以宜蘭腔台語為準的調查有哪些差異之處？期將頭城語音的原樣和當今現象，做一詳實的呈現和理解。

　　論文共分兩大篇，第一篇為論述篇，第二篇為附錄的語料篇。第一篇共有七章，第一章緒論，第二章文獻回顧，第三章研究與調查，第四章頭城鎮台語的音韻系統，第五章頭城老中兩代共時性的語音比較，第六章頭城田調與「藍」本的「礁溪音」和「張」本的「羅東音」做語音和詞彙的比較，第七章結論。第二篇附錄有三個部份，一是同音字表，是頭城台語語彙集兼語彙比較表，三是發音合作人的資料。以下針對研究結果作一綜合簡要的概述。

第一節　回顧與研究貢獻

　　本文深入挖掘出頭城原來的台語語音系統，同時凸顯三個現象—語音變化、音變的「詞彙擴散」和宜蘭縣不同城鎮存在不同語音的現象。以下就頭城語音系統和三個現象，做一回顧和補充解釋。

一、頭城腔的語音系統和一般認知的宜蘭腔的語音系統有所差別

1. 韻母部分

一般的認知，宜蘭腔是 95%的漳州腔，但是，本次的田野調查，頭城腔在-iŋ 韻部分，是有別於漳州腔的。因爲頭城腔本來沒有-iaŋ（k）和-iɔŋ（k）四韻，只有-iŋ（k）兩韻。證實藍清漢《中國語宜蘭方言語彙集》所做的記錄是正確的。然而，由於音變的詞彙擴散現象，在中年層已將部分的-iŋ 韻音變爲-iɔŋ 韻，目前的頭城腔，比老年層多出-iɔŋ 和-iɔk 兩韻。

2. 音調部分

1）本調部分：

值得強調的是喉陽入和陽入調，喉陽入的喉塞音消失，歸於陽去調，也可以說沒有喉陽入。而-p，-t，-k 的陽入調，調值等同於陽去調，因此，可以說其本調是中平促調，和陽去調一樣，以 33 來描寫其音值，從輔音韻尾-p, -t, -k 判定其爲陽入調，依此和陽去調做區別。而陰入調是中降促調，由於頭城腔的特殊性，仍以兩個數字標記其音值，以 31 表示。

2）變調部分：

喉陽入既然歸於陽去，其變調規則當然和陽去相同，以 11 來描寫其音值。而-p, -t, -k 的陽入調，其變調規則也如同陽去調，只是多出-p, -t, -k 輔音韻尾的低促調。

至於，陰入調的喉塞音-ʔ，變調後，喉塞音消失轉爲上聲調，音值以 51 表示；少數變爲高平調，音值以 55 表示。而-p, -t, -k 的陰入調則變爲高促調，音值以 55 表示。依此，頭城腔的高促調和低促調都在變調時才會出現，本調則是中降促調和中平促調。這點和藍清漢的研究記錄不同：藍氏以傳統的「陰入變陽入，陽入變陰入」做記錄，顯然與事實不符；也和張屏生在羅東腔〔註1〕所記錄的「聲調方面，陰陽入不分」有所不同。然而，卻是和洪惟仁以三階標記方式所記錄的相同：如接觸[tsiap₃ siək₂]、約束[iək₃ sɔk₂]〔註2〕，換成筆者的五階標記方式就是接觸[tsiap₅₅ siək₃₃]、約束[iək₅₅ sɔk₃₁]。基於陰入調和陽去調的原本不同，陽入調調值等同於陽去調調值，陰入調不該會和宜蘭（含頭城、礁溪和羅東）的陽入調不分。

〔註1〕 張屏生（2007a，冊一：48）。
〔註2〕 中研院（1996：121）。

二、頭城腔的音變方向和音變的詞彙擴散的動態發展

　　王士元和沈鐘偉〈詞彙擴散的動態描寫〉一文，在「音變的過程」〔註3〕
中提到：

　　一個從靜態到動態在到靜態的音變三階段可以用下圖來表示：

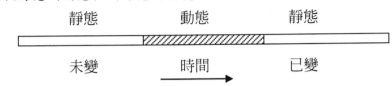

　　這也就是說，整個音變是一個在時間上已變化詞彙的多寡為標誌的
　　一個連續過程。因而，只要任何觀察或記錄是在這個變化過程中做
　　出的話，都會有詞彙上的不規整的現象出現。即所有應該變化的詞
　　中，有變的，也有不變的。〔註4〕

頭城腔的田野調查，顯示出一些音韻在音變的過程中，正處於正在進行式，
漳州音和泉州音正在交混著。也就是正如王士元、沈鐘偉所描述的動態的演
變狀態中，值得分析其音變的方向並持續觀察其未來的發展。

　　1. iŋ韻的音變方向：

　　頭城建城至今 200 年來，只有 1980 年的藍清漢所記錄的語音和目前筆
者所訪談的頭城的老年層，才有單純的 iŋ（k）韻，可見此語音的獨特性到
近代才開始瓦解。由共時性的比較表，發現其音變的方向從 iŋ（k）變成 ioŋ
（k）〔註5〕，竟是趨近所謂的泉州腔。例如；思想的「想」、漳州的「漳」、
彰化的「彰」、五香的「香」、歆像的「像」由-iŋ 轉成-ioŋ；而不是轉成漳
州腔的-iaŋ。至於-ik 則轉成-iok，如「約束」的「約」、「大陸」的「陸」，
否則就不變。

　　2. uĩ韻的音變方向：

　　uĩ 韻的音變相對穩定，雖然也有語言交混的現象，還是在糾纏拉扯階段，
若有人已被「征服」，則也是轉向泉州腔的 ŋ韻。正如「煮飯」一詞的，已有
數種語音可以聽到，而「飯」已有 puĩ³³ 和 pŋ³³ 兩音共存的現象。

〔註3〕 王士元（2002：117）。
〔註4〕 王士元（2002：118）。
〔註5〕 簡佳敏（2005：41-72），也呈現 iŋ>ioŋ 為主要的音變方向。

3. i 韻的音變方向：

有些古音正在拉鋸或已完成音變的詞彙擴散，成爲已變的靜態，如興趣的「趣」tshi¹¹>tshu¹¹，已經完成；書記的「書」si⁵⁵>su⁵⁵、「煮」tsi⁵¹>tsu⁵¹ 等，正在進行，而其音變的方向也是偏向泉州腔。

4. 有關「省」sẽ⁵¹ 的音變方向：

「省」sẽ⁵¹ 至今仍相對穩定，如省水[sẽ⁵⁵ tsui⁵¹]、省力[sẽ₅₅ lat³³]、外省儂 [gua₁₁ sẽ₅₅ laŋ¹³]，但是，台灣省的「省」就有 sẽ⁵¹ 和 sin⁵¹ 兩個音出現。

頭城腔的音變過程與音變方向，可以下表表示：

過程	固有漳州音系				音變方向
固有階段	-iŋ	-ik	-i	-ẽ	⬇
動態階段	-iŋ/-iɔŋ	-ik/-iɔk	-i/-u	-ẽ/-iŋ	
完成階段	-iɔŋ	-iɔk	-u	-iŋ	
外來泉州音系					

三、頭城腔、礁溪腔和羅東腔在地理位置上的腔調差異

首先，鄭縈〈宜蘭方言的語音變化〉講到：

> 仁澤〔註6〕之韻母體系並無 iaŋ、iɔŋ 兩韻，其 iŋ 韻涵蓋茅埔圍〔註7〕
> iŋ、iak、iɔŋ 三個韻類；依此類推，仁澤入聲韻 ik 所含之字亦爲茅
> 埔圍 ik、iak 和 iɔk 之總和。

鄭氏以藍清漢《中國語宜蘭方言語彙集》配合其在 1995 年到仁澤和茅埔圍做的田野調查，也證明頭城（仁澤）、礁溪（藍本）和羅東音（茅埔圍）的差異。發現 1980 年的藍本的韻母只有 79 個，1995 年的仁澤社區有 79-83 個不等，這應是時間的差距，讓來自龜山島的年輕新世代產生了音變所致〔註8〕；而 1995 年的茅埔圍則有 84 個。可見單純獨特的 iŋ 韻在礁溪、頭城是早期的語音，和筆者的故鄉，同爲蘭陽溪北的宜蘭市也大不相同，因爲筆者生於 50 年代，宜蘭市早已是包含有 iŋ（k）、iaŋ（k）和 iɔŋ（k）的漳州腔。

〔註6〕 其中，「仁澤社區」已在 2001 年正名爲「龜山里」，其居民於 1976 年才從龜山島全部移居頭城鎮大溪里。資料來源：
http://www.ilma.org.tw/boblog/577/index.php?go=category_4.

〔註7〕 茅埔圍，現名梅花社區，在羅東梅花湖附近，祖先來自粵籍客家人。
資料來源： http://www.chinatimes.org.tw/features/community/com-8-2.htm

〔註8〕 鄭縈（1999：449）。

接著，同屬宜蘭縣的鄉鎮，其在 iŋ 韻的方音差，若加上洪惟仁在 1996 年為中研院做的研究報告，可更清楚的看出此三地的腔調差異與變化。此時（1995-1996），礁溪的 iŋ 韻已然正處於音變的動態中，其變化轉向含有-iɔŋ（k）韻和-iaŋ（k）韻的漳州音系。

1.-iŋ、-iaŋ、-iɔŋ 三韻母的比較

表 7-1：異時性的 iŋ、iaŋ、iɔŋ 三韻母對照表

序號 \ 語彙 \ 語音調查期	李柏桐 2008-9 頭城	藍清漢〔註9〕1980 礁溪	洪惟仁〔註10〕1995-96 礁溪	張屏生〔註11〕1996、2003 羅東
1　英雄	iŋ^{33}iŋ^{13} iŋ^{33}hiŋ^{13}	iŋ^{33}hiŋ^{13}	iŋ^{33}hiŋ^{13} iŋ^{33} hiɔŋ^{13}	iŋ^{33}iɔŋ^{13}
2　中	tiŋ^{55}	tiŋ^{55}	tiŋ^{55}	tiŋ^{55} / tiɔŋ^{55}
3　塚	tʰiŋ^{51}	tʰiŋ^{51}		tʰiɔŋ^{51}
4　忠	tiŋ^{55}	tiŋ^{55}	tiŋ^{55}	tiɔŋ^{55}
5　鹿「茸」	dziŋ^{13}	dziŋ^{13}		dziɔŋ^{13}
6　松	siŋ^{13}	siŋ^{13}	tsʰiŋ^{13} /siŋ^{13}	siɔŋ^{13}
7　龍	liŋ^{13}	liŋ^{13}	liŋ^{13}	liɔŋ^{13}
8　姜	kiŋ^{55}	kiŋ^{55}		kiɔŋ^{55}
9　恐	kʰiŋ^{51}	kʰiŋ^{51}		kʰiɔŋ^{51}
10　冗	liŋ^{33}	liŋ^{33}		liɔŋ^{33}
11　雙	siŋ^{55}	siŋ^{55}	siŋ^{55}	siaŋ^{55}
12　暢	tʰiŋ^{11}	tʰiŋ^{11}		tʰiɔŋ^{11}
13　絨	dziŋ^{13}	dziŋ^{13}		dziɔŋ^{13}
14　重陽	tiŋ^{33} iŋ^{13}	tiŋ^{33} iŋ^{13}		tiɔŋ^{33} iaŋ^{13}
15　響	hiŋ^{51}	hiŋ^{51}	hiŋ^{51} / hiaŋ^{51}	hiaŋ^{51}
16　涼	liŋ^{13}	liŋ^{13}	liŋ^{13} / liaŋ^{13}	liaŋ^{13}
17　高「梁」	liŋ^{13}	liŋ^{13}		liaŋ^{13}

〔註 9〕　藍清漢 （1980）。
〔註 10〕　龔煌城（1996），〈宜蘭方言詞會對照表〉。
〔註 11〕　張屏生（2008）。

18	五「香」	hiŋ⁵⁵	hiŋ⁵⁵		hiaŋ⁵⁵
19	著「傷」	siŋ⁵⁵	siŋ⁵⁵	siŋ⁵⁵ / siaŋ⁵⁵	siaŋ⁵⁵
20	中「央」	iŋ⁵⁵	iŋ⁵⁵	iŋ⁵⁵	iaŋ⁵⁵
21	向	hiŋ¹¹	hiŋ¹¹		hiaŋ¹¹
22	沖	tsʰiŋ¹³	tsʰiŋ¹³		tsʰiaŋ¹³
23	商	siŋ⁵⁵	siŋ⁵⁵		siaŋ⁵⁵
24	勥	kʰiŋ¹¹	kʰiŋ¹¹		kʰiaŋ¹¹
25	思「想」	siŋ⁵¹	siŋ⁵¹	siŋ⁵¹	siaŋ⁵¹
26	歎「像」	siŋ¹¹	siŋ¹¹	siŋ¹¹	siaŋ³³
27	養	iŋ⁵¹	iŋ⁵¹		iaŋ⁵¹
28	享	hiŋ⁵¹	hiŋ⁵¹	hiŋ⁵¹/ hiaŋ⁵¹	hiaŋ⁵¹
29	「相」信	siŋ⁵⁵	siŋ⁵⁵	siŋ⁵⁵/ siaŋ⁵⁵	siaŋ⁵⁵

表 7-2：異時性的 ik、iak、iɔk 三韻母對照表

序號	語彙 ＼ 語音調查期	李柏桐 2008-9 頭城	藍清漢〔註12〕 1980 礁溪	洪惟仁〔註13〕 1995-96 礁溪	張屏生〔註14〕 1996、2003 羅東
1	俗	sik³³	sik³³	sik³³ / siɔk³³	siɔk³³
2	約	ik³¹	ik³¹	ik³¹ / iak³¹	iak³¹
3	接「觸」			sik³¹ / siɔk³¹	siɔk³¹
4	摔	sik³¹	sik³¹	sik³¹	siak³¹
5	足	tsik³¹	tsik³¹		tsiɔk³¹
6	祝	tsik³¹	tsik³¹		tsiɔk³¹
7	摘	tik³¹	tik³¹		tiak³¹
8	菊	kik³¹	kik³¹		kiɔk³¹
9	玉	gik³³	gik³³		giɔk³³
10	局	kik³³	kik³³		kik³³ / kiɔk³³
11	六	lik³³ / lak³³	lik³³ / lak³³	lak³³	lak³³

〔註12〕 藍清漢（1980）。
〔註13〕 龔煌城（1996），〈宜蘭方言詞會對照表〉。
〔註14〕 張屏生（2008）。

　　由上面兩表，發現一些音變的詞彙擴散問題，尤其是 iŋ 韻在地理上的差異：

　　1）頭城老年層原本和通行腔不同的/-iŋ/韻字，本來是和藍清漢的記錄幾乎有百分百的相同；到洪惟仁的調查記錄，礁溪的語音已有部分是兩音並存，已處於音變的動態中，而羅東腔已經是屬於通行腔；到張屏生的調查記錄，羅東方面有許多音更是已經變成通行腔。不過，張屏生的記錄中，仍有一些是發/-iŋ/的音，如「國中」kɔk₅₅tiŋ⁵⁵，表示其發音合作人仍然存留原來的古音。只是語料中的，「中」有音 tiŋ 和 tiɔŋ 兩音，顯示其音系已無法像頭城老年層那樣的整齊單純。這是否也意味著張屏生的記錄，顯現羅東音的語音「詞彙變化的動態描述」？

　　2）在語音的轉變，由於洪惟仁記錄的語料較少，只找出 5 例的入聲韻，但已可佐證礁溪有兩音互見的狀況。從地理上來看，從頭城到礁溪再到羅東，似乎是越往南就變得更偏向漳州腔，包括有-iŋ（k）、-iaŋ（k）、-iɔŋ（k）的韻母。

　　3）頭城老年層的語音，由於缺乏-iaŋ（k）、-iɔŋ（k）兩舒聲、兩入聲，在這部分不應屬於漳州腔，也不屬於泉州腔。當然，這點有待以後的探討，可確定的是，針對-iŋ（k）韻母，頭城音是和漳州音含有-iŋ（k）、-iaŋ（k）、-iɔŋ（k）三韻母不同的。

　　在代表漳州音的韻書《彙集雅俗通十五音》中，包括經韻/iŋ/、姜韻/iaŋ/和恭韻/iɔŋ/，幾乎都一統歸於頭城老年層的語音特點之一的/iŋ/經韻，令人嘖嘖稱奇。1980 年藍清漢《中國語宜蘭方言彙集》和筆者 2009 年所調查的頭城老年層是一致的。他不從於泉州音系的《增補彙音妙悟》，不從於漳州音系的《彙集雅俗通十五音》，也不從於《廣韻》，而另樹一格。在周長楫的〈福建境內閩南方言的分類〉[註15] 中，也對應不出與頭城相符的語音。例如：「雙」的頭城音是 siŋ，在周文的資料中，雙屬江韻，讀音有 siaŋ、saŋ、suaŋ 三種。現今閩南 23 個城市，竟然沒有一個的讀音和頭城一樣；「松」的頭城音是 siŋ，在周文的資料中，只有五個城市唸 tsʰiŋ、六個城市唸 siɔŋ，沒有一個城市唸 siŋ。這些資料，更凸顯出頭城音-iŋ 韻的獨特性。洪惟仁（1999：73）也提到，在宜蘭大城、礁溪、南澳、宜蘭市的老輩，桃園大溪，南投名間、集集，台

──────────

〔註15〕周長楫（1986：76-77）。

中太平鄉一部分,把漳腔的-ioŋ 和-iaŋ 讀成-iŋ,如「台中」說「台燈」tai$_{33}$tiŋ^{55},「中央」說「中英」tiŋ$_{33}$iŋ^{55}。可見,單純的-iŋ,在台分布廣闊,有可能是最早的漳州腔,經過分化後,才顯現現在的漳州腔。

　　2. 關於 uĩ 韻和 e 韻的比較

表 7-3:異時性的 uĩ 和 e 韻母對照表

序號	語音源調查 時間 語彙	李柏桐 2008-9 頭城	藍清漢 1980 礁溪	洪惟仁 1995-96 礁溪	張屏生 1996、2003 羅東
1	黃	uĩ^{13}	uĩ^{13}		uĩ^{13}/ŋ̍^{13}
2	轉	tuĩ^{51}	tuĩ^{51}	tuĩ^{51}	tŋ̍^{51}
3	卵	nuĩ^{33}	nuĩ^{33}	nuĩ^{33}	nuĩ^{33}/nŋ̍^{33}
4	酸	suĩ^{55}	suĩ^{55}	suĩ^{55}	suĩ^{55}/sŋ̍^{55}
5	飯	puĩ^{33}	puĩ^{33}	puĩ^{33}	puĩ^{33}/pŋ̍^{33}

　　uĩ 韻是比較穩定的,在頭城雖有少數的人會音變成 ŋ̍ 韻,畢竟屬於少數。審查藍本和洪惟仁的記錄,早期在礁溪、羅東仍無 uĩ>ŋ̍的現象,到張屏生的記錄,就有兩音並存的現象,可見羅東口音的交混較嚴重,從漳州腔的特色 uĩ 韻轉向泉州腔的特色 ŋ̍韻。

　　簡而言之,所謂偏漳的宜蘭腔,在頭城的-iŋ 韻部分是不同的,當-iŋ 韻發生音變,有轉向泉州音的傾向;而在地理上,越往南走,偏漳腔的語音越顯著。頭城腔在-iŋ 韻這部分,原來是既不偏漳也不偏泉,自成一格的獨特性。對宜蘭腔之一的頭城腔有更深入的探究,證實頭城腔有別於一般認知的偏漳宜蘭腔,建立頭城原有的語音系統,並配合簡易正確的標記,找出頭城兩世代音變的方向和宜蘭縣境內南北腔調的差異,顯現出音變的詞彙擴散的動態發展,同時留存大量語料,是本研究的貢獻。

第二節　後續研究與展望

　　本文主要探討頭城語音語彙和音變現象,並比較頭城、礁溪、羅東三地語音的差異,並已得到具體的研究成果,然而仍有許多相關議題,仍值得進一步研究。

　　1. 地方母語教育的研究：語言是人類的資產，母語教育是語言環保最重要的課題，沒有語言就沒有文化；因此，了解學生和老師對母語教學的態度、教學內容品質的檢驗等，需要以科學的量化數據來分析、理解，並從現代語音學的角度，探討台語、英語和華語互相影響下，學生學習語言的利弊得失，資以了解在弱勢情形下，尋找母語習得的最佳方式。

　　2. 辭典的編纂：以本文與語料為基礎，編纂「宜蘭腔台語小辭典」，分出頭城、礁溪、宜蘭市、羅東等的原來腔調，提供宜蘭地區中小學母語教學之用的參考工具書，活化、廣化、深化母語教育的具體內容。

　　3. 找尋前賢未調查的語言點──特別是宜蘭縣境內，繼續在語音、語彙、文化方面做直接調查，藉以了解語音的轉變動向、語言和文化衝擊的關連性，在語音學和社會語言學方面，進一步學習研究、並提出一些貢獻。

　　以上所述，都是本文衍生出來的，個人覺得可行且值得深入探討的課題，讓研究的成果為母語教育服務，正有待日後繼續的努力和研究。

附錄一 〈宜蘭頭城台語同音字表〉
〈宜蘭頭城台語同音字表〉索引

本表所列例字是按韻母排列，如下：

韻母	頁	韻母	頁	韻母	頁	韻母	頁	韻母	頁	韻母	頁	韻母	頁	韻母	頁	韻母	頁
a /ʔ	103	ai /ʔ	105	au /ʔ	107	ã /ʔ	109	ãi /ʔ	111	ãu /ʔ	113	am /p	115	an /t	117	aŋ /k	119
ɔ /ʔ	121					ɔ̃ /ʔ	123					ɔm /p	125			ɔŋ /k	127
o /ʔ	129																
e /ʔ	131					ẽ /ʔ	133										
i /ʔ	135			iu /ʔ	137	ĩ /ʔ	139			ĩu /ʔ	141	im /p	143	in /t	145	iŋ /k	147
ia /ʔ	149			iau /ʔ	151	iã /ʔ	153			iãu /ʔ	155	iam /p	157	ian /t	159		
io /ʔ	161															ioŋ /k	163
u /ʔ	165	ui /ʔ	167			uĩ /ʔ	169							un /t	171		
ua /ʔ	173	uai /ʔ	175			uã /ʔ	177	uãi /ʔ	179					uan /t	181		
ue /ʔ	183					uẽ /ʔ	185										
						m̩ /ʔ	187										
						ŋ̍ /ʔ	189										

● 音節中的例字共分成五個部分

一、沒有文白對立的例字。

二、文讀音，前面用「R」來表示。

三、白讀音，前面用「C」來表示，

四、替代字（包括方言俗字、訓讀字），前面用「T」來表示。表中所使用的漢字（不一定是本字）主要是參考「教育部國語推行委員會」電子辭書中的「台灣閩南語常用詞辭書」的寫法，或張屏生教授的選字，也有部分是筆者選定的。

五、沒有確切的漢字，以「□」來表示。

● 記號

一、「*」記號，依各處的情形解釋。

例如：喉陰入 31 > 51，31>55*，佗*（~位）表示「佗」的變調屬 31>55

宜蘭頭城台語同音字表

韻	a			aʔ
調	陰平 55 > 33	陰上 51 > 55	陰去 11> 51；11>55*	陰入 31 > 51,31>55*
p	巴爸笆 T.㞎芭（~蕉）	R.把 C.飽	霸豹（~紋；豹*仔囝）	百、叭（喇~）
pʰ	葩脬（膦~） C.拋		怕	拍 T.扑
b	□（~母，大聲叫）			T.肉
m				
t	礁（石~仔）T.焦		罩（蠓~；蚊帳）	貼搭 T.答（~應）佗*（~位）
tʰ	R.他（~人）		T.拕（~火；撥動火苗重燃）	塔
n		C.拿（~起來；抓起來）		
l	T.拉（~鍊）磟（~磚）T.鯪（~鯉）		啦（好~）	垃（~圾）
ts	查（檢~）渣饡（糕~）楂 T.昨（~昏）	早		柴（~錢）炸（~彈）詐（奸~）榨（~菜）T.鍘（鐵~）T.才（~會）
tsʰ	R.差	C.吵炒		C.插（~頭）
s	柵（木~）沙（吳~）T.捎（拿）			T.喋（吃不停）
dz				
k	咖膠嘉佳 R.家加茄（~苳）C.鉸 T.傀（~儡）咳（~嗽）	R.假 C.絞	R.駕（~駛）C.教	胛（艋~）C.甲合（~意）T.蓋胛佮（和）裌*（~仔）
kʰ	筊（~白筍）T.骹敲尻（~川）枷（~車藤）	卡 C.巧	T.推（敲）	T.較籠（魚簍子）
g				嘠（雄鴨叫聲）
ŋ		雅		
h	T.呵（~茶）哈（擊~；打哈欠）（~茶；喝茶）	T.喝（呼牛快跑聲）	C.孝（帶~）	喇*（~叭）
ʔ	鴉亞 C.阿	仔	T.矣亞（~霸，~洲）	鴨（~肉、鴨*仔）押

宜蘭頭城台語同音字表

韻	a		a?
調	陽平 13 > 33	陽去 33 > 11	陽入 33 > 11
p	R.耙	罷（~免）	
pʰ	R.爬	T.疱（膨~；起水泡）	
b	R.麻痲 C.貓	密	
m			
t			踏
tʰ			C.疊
n			
l	T.蜊鯪（~鯉）蟧（~蜍）	T.擸（撬）（吵家~枷）	蠟礚（~磚）C.曆獵（扑~）
ts		遮（~日，~路）	
tsʰ	柴 R.茶		
s			T.煠（汆燙菜類）
dz			
k		C.咬 T.共（儂拍）	
kʰ		卡（~著）	
g	R.牙（姜子~）牙（螺紋）		
ŋ			
h	霞	R.下夏 T.結	C.合 T.箬（粽~仔）
?			T.抑

宜蘭頭城台語同音字表

韻	ai			ai?
調	陰平 55 > 33	陰上 51 > 55	陰去 11 > 51	陰入
p	T.俳（囂~）	跛擺	拜	
pʰ			派（~出所）沛（豐~）	
b	T.腓（膣~；女性生殖器）	T.穤（醜）		
m				
t	獃呆 C.奈（無~何）T.秮（~仔）鯲（鮎~）	T.淬（茶~）	R.戴（愛~）帶代（~表）	
tʰ	篩颱 R.胎	T.癩（~瘡）T.呔	太態（表~）	
n		乃（~是…）奶（少~~）		
l		T.淶（鳥~血）		
ts	栽齋 C.知栽（魚苗）災	載（=年）宰（~相）	再（~會）載（~儂）	
tsʰ	猜 R.釵（tshe⁵⁵）、叉	彩綵采採（~花蜂）	菜	
s	犀獅 C.西私師 T.摁司（~奶）	C.史（阿里~；地名）使駛屎	賽塞 C.婿	
dz				
k	該偕（馬~）	改解 T.骸	戒 R.蓋界	
kʰ	R.開	凱楷	慨（感~）概（大~）	
g				
ŋ				
h	咍	海	亥	
ʔ	哀		愛曖隘（~寮）	

宜蘭頭城台語同音字表

韻	ai			ai?
調	陽平 13 > 33		陽去 33 > 11	陽入
p	排牌		敗（~腎、~害）	
pʰ				
b	C.眉			
m				
t	台 T.蛤（雞~）坮（埋）		R.代大 T.鮘（~仔）貸（~款）舵（~公）	
tʰ	T.刣（殺）		待（款~）態（~度）？	
n				
l	來 C.梨		R.內 C.利 T.鴱（~鴟）	
ts	才財 R.臍 C.裁（~縫）		在（實~）；（穩）	
tsʰ	裁（~剪）		T.祀迣（擺放）	
s			C.侍（服~）姒（同~仔）似（熟~）	
dz				
k				
kʰ				
g	涯		礙	
ŋ				
h	孩械諧 T.頦（下~）		害 T.壞	
?	R.鞋			

宜蘭頭城台語同音字表

韻	au			au?
調	陰平 55 > 33	陰上 51 > 55	陰去 11> 51；11>55*	陰入 31> 51
p	包胞鮑（~魚）	R.飽		
pʰ	雹 R.拋		泡砲礮炮（炮*仔）	
b		卯（得到比預期的多很多）		
m				
t	T.兜（家之意）兜（~著，扣住之意）	C.斗	C.晝鬥鬮鬪	
tʰ	C.偷	T.敨（~開）	透	
n				
l		T.佬扭（~著）餲（米~）	T.落（~燒水）澇（~屎）漏（~氣）	
ts	糟蹧	C.走	灶奏	
tsʰ	抄操（~勞）鈔（美~）	C.草	臭	
s	T.數（骰~）		嗽 C.掃	
dz				
k	交溝郊？R.高銨（金~剪）	R.絞 C.九狗 T.狡	垢夠較 R.教 T.到（遘）	T. 餃（潤餅~）
kʰ	鬮敲 T.搞薅	口 R.巧	銬扣 C.叩 T.哭	
g				
ŋ				
h	T.嘐（~潲）	T.吼（哭）	R.孝	
?	甌（茶~）歐	T.拗	T.漚（~步）懊（面~面臭）	

宜蘭頭城台語同音字表

韻	au			auʔ
調	陽平 13 > 33		陽去 33 > 11	陽入 33 > 11
p	T.包（假~）			
pʰ			R.抱	
b			貿（~穤頭）	
m				
t	C.投		C.豆 T.胿骸	
tʰ	C.頭調（~羹仔）		T.毒	
n				
l	C.樓流劉留		漏鬧 C.老	T.落（加~）
ts	巢		找（~錢）	
tsʰ				
s				
dz				
k	猴		C.厚	
kʰ				
g	T.獒（有能力）			
ŋ				
h	侯		鱟校效候（聽~）	
ʔ	C.喉		C.後	

宜蘭頭城台語同音字表

韻	ã			ãʔ
調	陰平 55 > 33	陰上 51 > 55	陰去 11 > 51	陰入 31 > 51 , 31>55*
p	T.叭（喇叭聲）擬聲詞。			
pʰ			T.冇	
b				
m	馬（～虎虎）	阿媽（祖母）R.馬	T.嘛（鳥～～）	
t	C.擔（畚～）礁（～溪）	打 C.膽（～量）	C.擔（茶～）	
tʰ		T.挺（扶～）		
n		攬 T.那（～行～講）		T.𤍥（～著；燙到）（爍～；閃電）
l				
ts		姊		
tsʰ				
s	C.三衫			T.唅啥*（創～滫）
dz				
k	監	C.敢	C.酵	
kʰ	T.坩骹跤			
g				
ŋ		雅（文～）		
h		T.嚇		
ʔ			T.向（彎腰）	

宜蘭頭城台語同音字表

韻	ã			ã?
調	陽平 13 > 33		陽去 33 > 11	陽入 33 > 11
p				
pʰ			T.奅（眞~時髦）	
b				
m	麻（~煩）		T.嘛（~會使）	
t	T.錯（重~）			
tʰ			T.姪（妝~：打扮）	
n	曨 C.藍籃林		哪（用舌頭舔唇邊物）若如	
l				
ts			T. 搫（~魚）	
tsʰ				
s				
dz				
k				
kʰ				
g				
ŋ				
h	T.喏（應答聲）		T.跨	
ʔ			C.餡	

宜蘭頭城台語同音字表

韻	ãi			ãiʔ
調	陰平 55＞33	陰上 51＞55	陰去 11＞51	陰入 31＞51
p				
pʰ		T.痞（壞、兇）		
b				
m		R.買	T.莫（不要，止之之詞）	
t	矴（小鑼聲）			
tʰ				
n	T.奶（司~）	T.鉰（~呔觳仔；梛子）		凹
l				
ts		T.指（中~）		
tsʰ				
s				
dz				
k	T. 喈（狗叫聲）			
kʰ				
g				
ŋ				
h	T.哼		T.幌（~中秋；盪秋千）	
ʔ		T.哎（騙小孩打人的聲音）		

宜蘭頭城台語同音字表

韻	ãi			ãiʔ
調	陽平 13 > 33		陽去 33 > 11	陽入 33 > 11
p				
pʰ			T.揹	
b				
m			R.賣 T.眛（愛~）邁	
t				
tʰ				
n			奈耐荔（~枝）	
l				
ts				
tsʰ				
s				
dz				
k				
kʰ				
g				
ŋ			R.艾	
h				
ʔ			T.偝	

宜蘭頭城台語同音字表

韻	ãu			ãuʔ
調	陰平 55 > 33	陰上 51 > 55	陰去 11 > 51	陰入 31 > 51
p				
pʰ				
b				
m				T.卯（~喙）
t				
tʰ				
n		R.腦惱（懊~）		
l				
ts				
tsʰ				
s				
dz				
k				
kʰ				
g				
ŋ				
h				
ʔ				

宜蘭頭城台語同音字表

韻	ãu			ãuʔ
調	陽平 13 > 33		陽去 33 > 11	陽入 33 > 11
p				
pʰ				
b				
m	貓（~猊）麻（~煩）		貌	
t				
tʰ				
n	鐃		R.鬧	
l				
ts				
tsʰ				
s				
dz				
k				
kʰ				
g				
ŋ			藕樂（仁者~山）	
h				
ʔ				

宜蘭頭城台語同音字表

韻	am			ap
調	陰平 55 > 33	陰上 51 > 55	陰去 11> 51；11>55*	陰入 31 > 55
p				
pʰ				
b				
m				
t	耽嘗 R.擔（～當）	R.膽點（～仔膠）	R.擔	R.答（回～）
tʰ	貪		探	塌（倒～）T.貼（～涵空：填補）
n				
l	T.罨（雞~）	覽攬 T.荏（～懶）	T.湳垰（杢仔地；窪地）	塌
ts	T.沾（蒼蠅叮）篸	R.斬	T.蹔躞（足踩貌）	
tsʰ	參 T.摻	慘（悽～）	讖（咒～）	T.佰（搭理）
s	杉 R.三衫 T.釤	T.糝（啖～；濫～）	T.鬖（頭毛～～，髮亂）搧（用手掌打）	圾 T.雪（～文；肥皂）霎（～～仔雨）
dz				
k	甘柑 T.魽（紅～；魚名）	感 R.敢橄 T.篏	監（～獄）鑑艦	R.甲 C.合（相～）T.蛤（～仔）蛤（～藥仔）
kʰ	堪龕 T.坎（～坷坷）	T.坎（胸～）欲（倥～）	T.勘、墈（坑～）T.罩（桌～）崁	T.蓋（倒～）
g				
ŋ				
h	蚶 T.酣腦頷答（節距）	T.撼	T.譀	
ʔ	庵 T.醃（～缸）掩	T.泔唵	暗	壓（血～）握（把～）

宜蘭頭城台語同音字表

韻	am			ap
調	陽平 13 > 33		陽去 33 > 11	陽入 33 > 11
p				
pʰ				
b				
m				
t	T.澹		R.淡（~水）T.啖	
tʰ	痰潭			
n				
l	楠男南淋		濫	納 R.玃
ts			站 C.斬 T.鏨	什雜 C.十 T.噆（吸氣音）
tsʰ	蠶			插（~滴）
s				
dz				
k	C.含			
kʰ				T.磕（~頭；~著,碰到）
g	癌		T.㑾（~面）	
ŋ				
h	銜 R.含涵（包~）		陷 R.餡（過甜）	R.合
ʔ	C.涵		頷	R.盒

宜蘭頭城台語同音字表

韻	an			at
調	陰平 55 > 33	陰上 51 > 55	陰去 11>51；11>55*	陰入 31 > 55
p	斑班 T.扳	板版 T.扁（~食）		R.八
pʰ			T.盼*（~仔；被騙者）	
b	T.屄	C.挽		T.捌（認識）
m				
t	丹 R.單	C.等	蛋誕 R.旦 T.擲（丟）	
tʰ		毯 R.坦（~白）	嘆 R.炭 T.趁（~錢）	踮 C.踢 T.窒（草~仔）
n				
l		R.懶 T.咱		
ts	曾 T.罾層齻（後~）	T.讚（棒）	贊棧	C.節
tsʰ	餐 T.親（~像）		燦	察漆 T.礤（佛祖~仔）
s	R.山 C.星（零~） T.刪	產散	R.散	殺虱薩（菩~）
dz				
k	干艱奸姦 R.間乾 矸	簡 T.媌（查某~）	幹（相~，主~）	C.結
kʰ	C.牽		R.看（~守）	R.渴 T.舐（~仔；杓子）
g		R.眼	T.濺（~鋼）	
ŋ				
h	蕃（~薯）	罕	漢（~草）	嚇（恐~）轄（管~）R.喝
ʔ	安 R.鞍	T.俺	按 R.案（~件）	T.楬（~仔）扼（~手）遏（折）（~泔、~斷）

宜蘭頭城台語同音字表

韻	an			at
調	陽平 13 > 33		陽去 33 > 11	陽入 33 > 11
p	C.瓶		扮（打~）辦 R.瓣 T.範（大~）	C.別（~儂）T.菝（~仔）
pʰ				
b	閩蠻頑（~皮）		萬慢饅（~頭）C.瓣（蒜~）	C.密
m				
t	C.陳 T.霆（~雷）		但	達笛 C.值
tʰ	R.彈（亂~）			
n				
l	蘭難欄 C.鱗零（~星）蓮（~蕉）T.剺斳（~甘蔗）		T.䐁（~鳥；陰莖）	C.力栗（苗~）T.癧（瘰~）
ts	屘（三~仔肉）殘			T.實
tsʰ	T.膣殘（真~）			C.賊
s				
dz				
k				
kʰ				
g	顏 C.言		雁 R.岸	
ŋ				
h	樊韓 R.閒寒 C.還		限（~時；寬~）	T.核（牽伙~；淋巴結腫大）
ʔ	T.絚（緊）		限（寬~）	

宜蘭頭城台語同音字表

韻	aŋ			ak
調	陰平 55 > 33	陰上 51 > 55	陰去 11>51；11>55*	陰入 31 > 55
p	幫邦枋 C.崩	綁（~票）	C.放	幅 C.剝北腹（剖~）
pʰ	C.芳蜂	C.紡 T.麭		T.趴伏覆（~茱）
b	芒	蟒蠓艋（~舺）		T.沐（~著；碰觸到）腹（裼~體；裸上身）
m				
t	C.冬東苳	C.董	C.凍	T.觸（費氣費~，相~）
tʰ	C.窗通	C.桶	痛 T.迵	
n				
l	T.郎（巴~；魚名）	攏籠	T.閬（~時無~日；間隔）	T.落轆簏
ts	棕鬃鯮（赤~）T.摐（~起來）	C.總	C.粽	齪
tsʰ	C.葱娼	T.氅（挐~~）	T.藏聳（~鬚）	
s	C.鬆		C.送	T.捒（推~）
dz				
k	江 C.公工蚣崗	港綱 R.講（演~）港（~仔喙）	降（怒看）	角覺 T.梖埆
kʰ	C.空	C.孔（九~）	空（~地仔）T.扻（用指甲搝）	碻殼麭
g				
ŋ				
h	魟魟 C.烘		T.胖放（~奶）	T.蓄
ʔ	尪 C.翁		C.齆（~鼻）甕（甕*仔）	齷 C.沃

宜蘭頭城台語同音字表

韻	aŋ			ak
調	陽平 13 > 33		陽去 33 > 11	陽入 33 > 11
p	馮 C.房縫龐（~涓）		棒（~球）	C.縛
pʰ	航 C.帆 T.捧		縫	C.曝
b	忙芒		C.網夢望	C.木目墨
m				
t	筒苘 C.同銅童（~乩）		C.重動 T.箭（浮~；浮標）	磚 C.獨（孤~）T.逐
tʰ	C.蟲			C.讀
n				
l	礱儂（人）榔 C.膿聾		C.弄 T.籠（箸~）	磟 C.六 T.搦
ts	欉			T.嗾（~著；噎住）
tsʰ				鑿
s				
dz				
k	T.仝		C.共 T.仝	
kʰ				T.喀（~痰）
g			T.愣	樂嶽岳
ŋ				
h	行降杭航魟（~仔魚）		項巷	R.學 T.礐
ʔ	C.洪紅			

宜蘭頭城台語同音字表

韻	ɔ			ɔʔ
調	陰平 55 > 33	陰上 51 > 55	陰去 11>51；11>55*	陰入 3 3> 51
p	埔埠 C.夫 T.晡	補捕脯	布（幼布*仔）佈怖 C.傅	
pʰ	鋪舖（總~；通舖）	普譜輔	舖（總~師）	
b		牡畝 T.某（~儂,~；太太）		
m				
t	都	堵 R.肚	妒 T.黙（~色）	
tʰ		土	吐兔（兔*仔）	
n				
l		滷櫓魯 T.努（~力）擼	露	
ts	組（~頭）租（厝~）	祖阻（~擋）		
tsʰ	粗 R.初	楚礎（基~）	醋	
s	酥穌蘇疏（~開）蔬	所	訴（告~）素 R.數	
dz				
k	姑孤菇辜罟（牽~）T.鮕蛄	古估鼓股枸 R.狗 T.鈷牯	固顧故	
kʰ	箍 C.呼（~勞）	苦 C.許	庫褲（褲*仔）	
g				
ŋ				
h	乎 R.呼	虎滸 T.唬諕	戽（~斗）	謼
ʔ	烏 S.阿（~彌陀佛）T.芋	T.搗（挖）	惡	

宜蘭頭城台語同音字表

韻	ɔ			ɔ
調	陽平 13 > 33		陽去 33 > 11	陽入 33 > 11
p	T.醭（豆~）裒		步部 T.哺	
pʰ	菩 C.扶		簿廍（糖~）	
b	模		慕募戊茂	
m				
t	徒圖途屠塗（糊~）		度渡鍍杜 C.肚	
tʰ	塗凃			
n				
l	奴鱸盧蘆爐鸕 R.螺（~絲）		路 T.蕗（~蕎）	
ts			助（幫~）	
tsʰ				
s				
dz				
k	C.糊			
kʰ				
g	吳梧（~桐）		C.五	
ŋ				
h	狐葫鬍 R.胡（~椒）糊（~塗）T.撈		互戶滬護 C.雨 T.予	
ʔ	盂湖瑚蝴壺 C.胡			

宜蘭頭城台語同音字表

韻	ɔ̃			ɔ̃ʔ
調	陰平 55 > 33	陰上 51 > 55	陰去 11 > 51	陰入 31 > 51
p				
pʰ				
b				
m	T.毛（龜~）			T.揖 （雙手環抱）
t				
tʰ				
n		R.腦（樟~丸）		
l				
ts				
tsʰ				
s				
dz				
k				
kʰ		R.可		
g				
ŋ		忤(~逆)伍(退~) R.午五（~金行）		
h	T.訶（語氣詞）		好（~奇）R.貨	
ʔ	T.嗚（~~睏）		惡	

宜蘭頭城台語同音字表

韻	ɔ̃			ɔ̃ʔ>ɔ̃
調	陽平 13 > 33		陽去 33 > 11	陽入 33 > 11
p				
pʰ				
b				
m	謀魔毛蘑摩矛髦 T.盲無（~線電）模（~仿）		冒（感~）	膜瘼
t				
tʰ				
n				
l				
ts				
tsʰ				
s				
dz				
k	T.鼾（睡覺打呼）			
kʰ				
g				
ŋ	吳娛（~樂）娥（嫦~） R.蜈（~蚣）		傲午（地支）	
h				
ʔ				

宜蘭頭城台語同音字表

韻	ɔm			ɔp
調	陰平 55 > 33	陰上 51 > 55	陰去 11 > 51	陰入 31 > 55
p				
pʰ				
b				
m				
t				
tʰ	T.丼（水聲）			
n				
l				
ts				
tsʰ				
s	森蔘			
dz				
k				
kʰ				
g				T.嗆（魚的嘴巴一開一合）
ŋ				
h				T.欱（撲捉青蛙的動作）
ʔ	T.掩			

宜蘭頭城台語同音字表

韻	ɔm			ɔp
調	陽平 13 > 33		陽去 33 > 11	陽入 33 > 11
p				
pʰ				
b				
m				
t				
tʰ				
n				
l				
ts				
tsʰ				插（～滴）
s				
dz				
k				T.□（蛙叫聲）
kʰ				
g				
ŋ				
h				
ʔ				

宜蘭頭城台語同音字表

韻	ɔŋ			ɔk
調	陰平 55 > 33	陰上 51 > 55	陰去 11>51；11>55*	陰入 31 > 55
p		謗(毀~)R.榜 T.硑(象聲詞)		卜（~卦）噗，呸（~薰）R.北
pʰ	T.豐（~沛）	T.乓（乒~）	T.膨	博
b	T.摸	檬囥莽		T.揍（用拳頭打）冒（~出來）
m				
t	R.東（羅~）當（正~）T.東（~笺）	黨 R.董（古~）T.撞（莽~）	擋(擋*仔)R.凍當（妥~）T.噸	督 T.剁篤（鹹~~）琢啄（~龜）卓（董~）
tʰ	R.湯通（交~）	統 T.捅（透過）	R.燙	托託戮（齒~）
n				
l	T.啷瑯（玲~）髏囊（批~）	攏	T.挵	T.攏簏橐漉
ts	宗蹤（失~）R.裝（西~）妝（化~）莊（端~）	R.總	葬壯	作
tsʰ	蒼聰滄瘡窗（同~）創（~傷）	T.衝（~碰；莽撞）	創（~治）	T.撮簇（一~花）
s	喪 R.桑霜雙	爽	宋 C.送	束宿（~舍）速塑縮
dz				
k	攻功胱岡 R.工公光	R.廣 C.講 T.槓管	貢 T.摃（~龜）	國穀谷各
kʰ	R.空康 T.倥悾	慷 R.孔 T.紺（~色）	控空抗曠礦 T.焢	T.殼（~仔）擴（~大）涸硞鵠酷焅
g				
ŋ				
h	風封豐肓（膏~）R.方芳荒烘楓 T.捀（用兩手掌打）坊轟慌	訪況 R.紡 T.仿（~仔）彷	R.放	福 R.腹
ʔ	R.翁	枉 R.往		惡屋

宜蘭頭城台語同音字表

韻	ɔŋ			ɔk
調	陽平 13 > 33		陽去 33 > 11	陽入 33 > 11
p	旁 R.房 T.棚（天~）		T.磅爆	瀑爆（~炸） R.曝薄（~情）
pʰ	膀		T.乒（乒~泅）	T.噗（扑~仔）
b	亡 R.芒茫 T.雺		墓 R.望	牧莫寞穆 R.木目
m				
t	桐童 R.同堂唐（~三藏）		蕩洞 R.動撞（~球）	毒 R.獨
tʰ				R.讀
n				
l	狼廊農 R.郎 T.襱囊（批~）		浪 R.弄	鹿絡樂錄碌落諾洛祿駱 T.漉（~喉）
ts	藏（地~王）崇 T.傱（亂撞）		藏臟 R.狀	族
tsʰ			T.創（做）	
s	T.檖			
dz				
k	狂 T.栱（樓~）			T.咯（抾~雞；捉迷藏）
kʰ			T吭（~跤翹）鞏（~水泥）	鱷 T.硞（相~；相碰）
g	T.楞（頭暈）		T.戇	
ŋ				
h	宏弘鴻皇隍凰防逢蓬篷磺潢（裝~）R.黃縫徨 T.簧遑擴		鳳奉俸（月~）	袚服復複覆
ʔ	王		旺	

宜蘭頭城台語同音字表

韻	o			o?
調	陰平 55 > 33	陰上 51 > 55	陰去 11>51；11>55*	陰入 31 > 51, 31>55*
p	玻褒	保寶堡褓	報	T.駁（~岸）
pʰ	波跛		R.破 T.泡廁	粕*
b	蒡（牛~）	母		
m				
t	刀多	倒禱	倒	卓桌*
tʰ	R.拖 T.叨	討土（~地公）	套（套*仔）妥（~當）	
n				
l	囉（鴨吃東西的樣子）	R.惱腦 T.咾（咕~石）	T.躼軂（高）	
ts	遭（~遇）T.慒	棗左	C.做	作
tsʰ	T.臊	R.草	錯操糙 T.剉譟（~儂耳）	
s	梭騷嗦（囉~） C.搓挲	鎖嫂	R.掃 T.燥（肉~）	C.索*T.噪（瘩脞勢~水）
dz				
k	鍋篙高糕膏 R.歌 T.疙（癩~）	稿 R.果 T.咕（~咾石）	告個 R.過 T.划	閣 T.各（仝父~母）
kʰ	科 R.柯	考 R.可 T.洘	靠 R.課	
g				
ŋ				
h		好		
ʔ	蒿 R.阿 T.呵	襖	奧澳 T.藇（~蕘;愛玉）	T.偓（難）

註：有標記*的字，其變調可能只有 31>55 或有 31>51 和 31>55，如「桌」，有「桌頂」
to₅₁ tiŋ⁵¹ 或「桌仔」to₅₅ a⁵¹

宜蘭頭城台語同音字表

韻	o			o?>o
調	陽平 13 > 33		陽去 33 > 11	陽入 33 > 11
p	葡婆			C.薄
pʰ			C.抱（~歉）	
b	C.無		帽磨（石~仔）	
m				
t	桃（楊~）逃駝 萄陶（樂~）		道導盜 T.就	著（火~）
tʰ	桃陀 R.頭（饅~）T. 迌（迌~）			
n				
l	牢勞癆羅邏鑼騾 R.籮 T.哪（~吒）			C.落 T.勞（呼~）
ts	槽曹昨（~日）		造 R.座（口~）坐 T. 皂（亂畫）嘈（齪~；叨擾）	
tsʰ				
s	T.趖（鼎邊~）			
dz				
k	膏（~纏；花~）		T.膏（亂沾塗）	
kʰ	T.苛（吝嗇）			
g	鵝 T.翱（轉動）		餓	
ŋ				
h	河豪壕貉（山~）R. 和何 T.合（算會~）		賀號 R.禍	鶴
ʔ	蠔蚵			C.學

宜蘭頭城台語同音字表

韻	e			e?
調	陰平 55>33	陰上 51>55	陰去 11>51；11>55*	陰入 31>51 31>55
p	T.扒（~飯）貝（朘~）	C.把		柏（松~仔）C.伯百（~姓）八 T.擘蚾跖（~山）
pʰ	T.批	T.頼（喙~）帕（尿~仔）	帕	
b		碼瑪買 C.馬		
m				
t	T.炱（糓仔~）	C.短底 T.貯	帝第 T.塊（一塊*仔）	T.哲
tʰ	推梯（~次）C.胎 T.麗（~椅）	體	退替締（取~）	褐（褪腹~）
n				
l		禮 T.儡䰧		T.咧（等~）
ts	劑（鎮靜~）T.瘵瘥（瘟）這		祭際制（~服）製債（討~）劑（藥~師）濟 T.晬	仄 C.節
tsʰ	C.差初釵叉		切（一~）C.脆 T.搋粞（粿~）	冊 T.慼（~心）
s	梳 R.西砂（砾~）C.紗	黍洗	細（細細*仔）R.世勢	C.雪 T.塞
dz				
k	雞 C.家加機（~器）	C.假	繼計罣（尪~桌）C.嫁價架（架*仔）	C.格隔 T.鋏
kʰ	溪刮（~肉）		契 T.喫（哨）	C.客瞌挾（擠）
g				
ŋ				
h	T.彼瘊（~响）			
ʔ	挨	啞矮		厄喂

宜蘭頭城台語同音字表

韻	e			e?> e
調	陽平 13 > 33		陽去 33 > 11	陽入 33 > 11
p	扒 C.耙琶杷爬		C.父 T.耙	C.白 T.帛
pʰ			稗	
b	迷 R.謎		C.賣未 T.袂儅	C.麥
m				
t	蹄題 C.茶		苧袋第（落~）R.弟地 C.代（朝~）	
tʰ	提		T.蜇蛇	C.宅 T.撢
n				
l	麗（高~）黎璃犁檸 R.梨（~山）C.螺胴		麗勵例鯉荔（~枝）R.厲 T.籬	C.笠笿
ts	齊		坐寨 C.座（後~） T.濟（多）	
tsʰ			T.坐（~數）	
s	T.垂（頷~仔）			T.遰
dz				
k	T.椵（絆腳）枷膎		T.低	
kʰ				
g	衙芽 C.牙 T.伢（~潲）		藝	
ŋ				
h	R.霞 C.蝦		系係夏 R.蟹 C.下	
ʔ	C.鞋 T.个（個、的）		C.廈（~門）會下	C.狹

宜蘭頭城台語同音字表

韻	ẽ			ẽʔ
調	陰平 55 > 33	陰上 51 > 55	陰去 11> 51；11>55*	陰入 31 > 51
p	T.絣（肉~予綀）緶		C.柄（小枝柄*仔）	
pʰ				
b				
m	T.搣咩（羊叫聲）			T.蝱（草~）
t	T.骱（後~）		T.瞪（~力）	
tʰ				
n	T.呢（安~）			T.躡（~骹尾）
l				
ts	C.爭	C.井	T.諍	
tsʰ	C.青星生親（~姆） T.腥（~臊）鎗	C.醒	T.腥（臭~）	
s	C.生牲 T.鍟	C.省	C.姓	
dz				
k	C.更庚羹經驚（~蟄）	T.鯁秄哽梗	T.徑	
kʰ	C.坑			
g				
ŋ				T.挾莢夾鋏
h			T.嗯	
ʔ	C.嬰 T.䌛			

宜蘭頭城台語同音字表

韻	ẽ		ẽʔ>ẽ
調	陽平 13 > 33	陽去 33 > 11	陽入 33 > 11
p	棚 C.平坪	C.病	
pʰ	彭澎		
b			
m	暝	罵	C.脈
t		C.鄭 T.捏	
tʰ			
n	T.晾		
l			
ts			
tsʰ			
s			
dz			
k			
kʰ			
g			
ŋ		C.硬	
h			
ʔ	C.楹		

宜蘭頭城台語同音字表

韻	i			i?
調	陰平 55 > 33	陰上 51 > 55	陰去 11>51；11>55*	陰入 31 > 51
p	卑碑埤啡 T.鎞蚍蜱（省~包）胚（蝦）	比	秘庇痹閉	C.龞 T.擗（~手襀）
pʰ	披 R.批	鄙（卑~）譬（~例）疕	R.屁	
b	T.麥（~仔膏；麥芽糖）	米美 R.尾		T.覕（躲）
m		T.乜		
t	豬蜘 R.知 T.呧（擽~）	抵 R.底	置智致蒂 T.戴	滴
tʰ	T.麩（麵~）	恥	剃	C.鐵
n				
l	T.哩（呼鴨聲）	旅鯉李里哩（咖~）裏（內~）T.汝	T.剺（撕）	
ts	支之芝脂 R.枝 T.腟	煮止只址旨紫 R.姊指 C.子主 T.薺（針~）T.薦（加~；草袋）	志至誌（日~）製	摺 C.接
tsʰ	悽鰓癡（~哥）蛆（水~）	C.鼠處（~暑）杵（舂~）取	刺翅鰭趣 C.試	
s	書（圖~館）絲鷥屍施詩 C.司思（相~）西（~瓜）T.噓（~尿）	始暑（處~）R.屎 C.死	R.試 C.四勢（角~）世（出~）	薛 T.爍
dz		子（棋~）耳（木~）		
k	居乩技姬妓機基箕飢 C.枝 T.吱（~叫）	舉紀杞 R.幾己 C.指	記既據騎鋸（鋸*仔）C.痣 T.計（伙~）	
kʰ	欺 T.敧	起齒	去汽器棄 R.氣	T.缺
g	咍（~；傻笑狀）	語		
ŋ				
h	希犧熙虛（謙~）墟（牛~）T.唏（~微；惆悵）	喜	肺戲（做戲*仔）	
ʔ	醫依 R.衣 T.伊	椅以 R.倚雨（郭~新）	意	

宜蘭頭城台語同音字表

韻	i			i?>i
調	陽平 13 > 33		陽去 33 > 11	陽入 33 > 11
p	脾 C.皮（五加~）		婢備避 R.被備（~業）	
pʰ	疲（~勞）砒 R.皮（~蛋）			
b	微 R.眉 T.眯咪（鴨~仔）		味 R.未 C.謎 T.沬汨（藏~）	C.篾
m				
t	除鋤池遲 T.持（張~）躇（躊~）苔（青~）		箸稚痔治 C.弟	C.碟
tʰ	啼		雉	T.喋（~常；喋喋不休）
n				
l	厘離籬驢 R.璃（琉~）		呂慮離俐 R.利己（家~）地（土~公）	C.裂
ts	瓷（麻~）薺（馬~）C.鷘（鸕~）		C.舌	
tsʰ	徐雌 R.持		飼市	T.蟻
s	匙時辭（相~）		寺序示視嶼緒（情~）R.侍（~從）T.適（四~）	
dz	兒而 T.猊（貓~竹）茹挐（~氄氄）		二餌 C.字 T.膩押	
k	奇其期旗棋祈（~禱）鰭（黃~鰿）		忌	
kʰ	R.騎 T.蜞（蜈~）		柿（紅~）	
g	宜儀疑 C.枇琶誼		義議譽	
ŋ				
h	魚			
ʔ	余姨俞		預 T.弈	

宜蘭頭城台語同音字表

韻	iu			iu?
調	陰平 55 > 33	陰上 51 > 55	陰去 11> 51；11>55*	陰入 31 > 51
p	彪（虎熊豹~）			
pʰ				
b				
m				
t			R.晝	T.搖
tʰ	抽	丑		
n				
l	溜 T.抽鰡	柳鈕絡（剪~仔）扭（~掙）	T.餾遛（~皮）	
ts	周週州洲 C.珠	酒 R.帚 C.守	咒蛀味（鳥喙）	
tsʰ	秋 C.鬚 T.鶖鰍	帚 C.手		
s	修收	首 R.手 C.守	繡秀獸	
dz				
k	T.勼（收縮）	R.九久	究糾（~帶）救	
kʰ		T.揂（拉）		
g		T.揂（拉）		
ŋ				
h	休 T.咻	R.朽	R.臭 T.㧬（甩水）	
ʔ	憂優紬	友酉 R.有	幼（餅幼*仔）	

宜蘭頭城台語同音字表

韻	iu			iuʔ>iu
調	陽平 13 > 33		陽去 33 > 11	陽入 3 3 > 11
p				
pʰ				
b				
m				
t	綢籌躊(~躇)宙(字~)		稻紂	
tʰ				
n				
l	榴瘤硫 R.樓流劉留			
ts			就(成~)	
tsʰ			C.樹	
s	仇泅囚酬		受授壽 T.續(後~)岫(鳥仔~)	
dz	揉魷柔榆(雞~;榆樹)			
k	球求		R.舅舊臼	
kʰ	球(小~球)T.毬(毛髮捲曲)		T.餂	
g				
ŋ				
h	裘(~仔)			
ʔ	由油郵游遊尤		又柚右佑	

宜蘭頭城台語同音字表

韻	ĩ			ĩʔ
調	陰平 55 > 33	陰上 51 > 55	陰去 11 > 51；11>55*	陰入 31 > 51
p	C.邊編	C.扁	C.變	
pʰ	C.偏篇		C.片	
b				
m	T.鞭（連~）	彌（阿~陀佛） T.乜		
t	C.甜			
tʰ	C.添天			
n	T.拈	C.染		瞄
l				
ts	C.晶（水~宮） T.檨	T.芷（嫩）	箭 T.糍（~肉；用油炸肉）摺（~風；逆風）	
tsʰ	鮮			
s			C.扇（扇*仔）	
dz				
k	T.鹹埕（海~仔）		C.見	
kʰ				
g				
ŋ				
h			C.耳	
ʔ		T.穎	燕*（~仔）	

宜蘭頭城台語同音字表

韻	ĩ			ĩʔ
調	陽平 13 > 33		陽去 33 > 11	陽入 33 > 11
p				
pʰ			鼻	
b				
m	C.棉綿		麵物（~件）	
t	C.纏		T.滇	
tʰ			T.絍（縫）	
n	尼泥 C.連（黃~）年			
l				
ts	C.錢簷			
tsʰ				
s			豉 T.鹽（醃）	
dz				
k	T.墘			
kʰ	C.鉗			
g				
ŋ				
h				
ʔ	檨（香~）C.圓員（~山仔）		C.院	

宜蘭頭城台語同音字表

韻	ĩu			ĩuʔ
調	陰平 55 > 33	陰上 51 > 55	陰去 11 > 51	陰入 31 > 51
p				
pʰ				
b				
m				
t	C.張		C.漲脹	
tʰ				
n		C.兩		
l				
ts	C.樟漿章 T.蟧	C.蔣槳掌	C.醬	
tsʰ	鯧槍 T.腔（面~）	C.搶	C.唱 T.啾（拍咳~）	
s	C.箱相（~思）　T.傷	C.賞 T.鯗（鴨~）	肖 C.相（清氣~）	
dz				
k	C.薑			
kʰ	腔			
g				
ŋ				
h	C.鄉香			
ʔ	鴦	舀 C.養（~个較大天）		

宜蘭頭城台語同音字表

韻	ĩu			ĩuʔ
調	陽平 13 > 33		陽去 33 > 11	陽入 33 > 11
p				
pʰ				
b				
m				
t	C.場		C.丈	
tʰ				
n	C.量糧娘梁樑		C.讓量	
l				
ts			癢 C.上	
tsʰ	C.牆		C.象像匠（木~）T.上（~水）	
s	T.瘍囚（監~）潲		C.想尚	
dz				
k				
kʰ			T.噤（~喙）	
g				
ŋ				
h				
ʔ	C.羊洋溶融楊陽（平~；平原）		C.樣	

宜蘭頭城台語同音字表

韻	im			ip
調	陰平 55＞33	陰上 51＞55	陰去 11＞51	陰入 31＞55
p				
pʰ				
b				
m				
t			T.頷（~頭）掂	
tʰ	T.沉（陰~）			
n				
l	T.啉	凜		
ts	斟（~酌）T.唚	枕拯（包~）C.嬸	浸	嫉（~妒）
tsʰ	深侵 T.鋟			緝
s	心	沈審 R.嬸	甚（抖動）	濕
dz		忍		
k	金今		禁	級給（月~）急（著~）
kʰ	欽襟（對~仔；一種衣服）			吸
g		T.芩（掃梳~仔）　錦		
ŋ				
h	欣			T.翕燴（燜煮）
ʔ	音淹 R.陰	飲	蔭（致~）	R.挹（~墓粿）

宜蘭頭城台語同音字表

韻	im			ip
調	陽平 13 > 33		陽去 33 > 11	陽入 33 > 11
p				
pʰ				
b				
m				
t	R.沉		T.燖（燉煮）	
tʰ				
n				
l	臨琳 R.林			立
ts	蟳			集籍緝（通~）
tsʰ				
s	R.尋			襲（空~）拾（挈~）習 R.十
dz	T.撏		壬任	入
k			妗	及（~格）
kʰ	琴禽擒			
g	吟 T.砛（~簷）			
ŋ				
h	熊			
ʔ	淫			

宜蘭頭城台語同音字表

韻	in			it
調	陰平 55 > 33	陰上 51 > 55	陰去 11>51；11>55*	陰入 31 > 55
p	賓檳彬	稟 T.箆（~針）	鬢 T.髕	必筆 T.呲（裂）
pʰ	乒	品 T.筥		匹
b		敏 T.抿（齒~）		
m				
t	津（長尾~）徵軫珍（八~）	振（~動）	鎮	C.得
tʰ				敕 R.踢迌（~迌）
n				
l	T.呤（~嘵叫 lin¹ lin¹ kio³）轔（抛車~）	T.恁（你們）	T.輾（轉動）	
ts	眞榛貞 R.珍津（天~）C.升（單位）	診	進晉 C.症（~頭）T.盡（很）振（~作）	執質職織鯽 T.脊室（在~女）即（這）
tsʰ	親		清稱秤（秤*~仔）	七拭 R.漆 T.妼（~仔）迌（~迌）
s	身申紳新 R.辛		信囟	息（利~）穡失 R.蝕（~日）
dz				
k	今斤巾均筋根跟 C.芎（~蕉）	緊謹蚓（杜~）		桔（~仔汁）
kʰ	輕			乞
g		T.囝（~仔；小孩子）		
ŋ				
h	興			T.彼（~个）
ʔ	因姻恩 T.個	引允（~准）	印（印*~仔）C.應	一乙

宜蘭頭城台語同音字表

韻	in			it
調	陽平 13 > 33		陽去 33 > 11	陽入 33 > 11
p	屏 R.瓶 T.頻（~繁）		臏（孫~；人名）	
pʰ				
b	民 C.眠明（~仔再）		C.面 T.蝒（~蟲）	蜜 R.密
m				
t	藤塵（風~）R.陳（~情）		C.陣朕	直姪蟄（驚~）R.值（~班）
tʰ	T.斟（~茶；倒茶）		T.伨（以行動支持）	
n				
l				
ts	秦		盡（自~）	T.一
tsʰ				
s	神辰臣 C.蠅承（~水）		愼（謹~）蟮（~蜒仔：壁虎）	R.食實 C.翼
dz	人仁		認	日
k			近	
kʰ	芹勤			T.杙（牛~）健（~甜粿）
g	銀 T.睨			
ŋ				
h	T.眩（烏暗~）		恨	
ʔ	寅			

宜蘭頭城台語同音字表

韻	iŋ			ik
調	陰平 55 > 33	陰上 51 > 55	陰去 11 > 51	陰入 3 1 > 55
p	冰兵 R.崩	T.反	併	逼 R.百
pʰ			聘	碧魄柏伯（梁山~）迫
b		R.猛		
m				
t	丁町釘登燈 C.中忠 T.疔 S.橙	頂戩 R.等鼎	釘	德擇 R.得 C.竹
tʰ	R.聽	逞 C.寵（~倖）	聽（~候） 暢	斥 R.拆摘 C.畜
n				
l	T.奶	冷伶（~俐） R.領（~導）嶺	T.躘	
ts	征僧（沙~） R.曾爭精晶 C.春增鐘綜漳章彰將	腫整種掌（~頭仔）獎	政證 R.症正 C.眾種薦（草~）	積蹟績 R.籍 C.叔燭折 T.勣（用手指擠壓）祝（廟~）則足
tsʰ	稱 R.青清 C.千菁沖	R.請 T.笑廠	T.擤熗銃	策（~略）鵲 R.赤尺 T.觸（扑~衰）雀（孔~）C.粟
s	甥 R.生牲聲升抌星 C.先芟雙商傷	R.省醒想	勝 R.性聖像相	色式適識室釋 R.錫索虱惜 T.黍夕（七~）摔（~桶）
dz		孃壤		T.逐（走相~）
k	R.經更京驚羹 C.肩弓宮供艿	景筧梘境耿羹 C.揀眼（龍~）T.襇	竟（究~）敬徑（田~）警 R.鏡硬	革擊（打~）R.隔格 C.菊
kʰ	卿框 C.筐	肯恐	慶勥	克刻激（刺~）C.曲客
g	唀（起毛~）	C.研		C.虐
ŋ				
h	興香 C.胸兄洶鄉	享響	興向	R.嚇
ʔ	鸚（~哥）櫻英 R.嬰 C.央 T.蠯塊	永泳 R.影 C.湧養勇	甕（~肥）蕹（~菜）映 R.應	益億憶 T.溢（~赤酸）

宜蘭頭城台語同音字表

韻	in			ik
調	陽平 13>33		陽去 33>11	陽入 33>11
p	朋 T.月硼（硼砂）		並	R.白
pʰ	評萍 R.平坪		並（比~）	擗（鳥~仔）
b	銘盟 R.明		孟 R.命	R.麥墨脈（一~相傳）
m				
t	庭亭廷橙 C.重		R.定 T.有（硬）厝鄧	狄的（目~）迪（~化街）特敵澤 R.笛
tʰ	停騰（~雲駕霧）R.程			R.宅
n				
l	玲鈴齡寧菱靈 R.零 C.龍 T.蘦薐（菠~仔）涼粱梁		令另亮 T.冗（鬆）鴒（加~、白~鷺）楝壘（番薯~）	綠歷 R.曆栗（苗~）力（實~）T.剾（鐮仔）陸六
	晴 R.情 C.前從層		靜靖淨	
tsʰ	C.榕沖強（水~）		T.穿（tsʰin³³）蹌（~骹家）	T.搣（~仔麵）
s	丞誠 R.成城蠅繩承（~擔）C.松祥常		盛 C.誦（~經）T.倖（寵~）上（~元）	席 R.食夕石 C.熟俗
dz	C.茸絨		讓	
k	C.窮強		競 T.楗（相~：互相協助支持）供（~養）	極激（~動）R.屐 C.劇（~本）局
kʰ	瓊擎 T.窮（收拾）		瓊 C.虹	
g	凝 C.迎			逆 C.虐玉
ŋ				
h	形刑恆 R.行橫 C.雄狠洶衡		莧莔杏倖幸行 T.睍	或惑
ʔ	榮 R.營迎贏 C.閒雄陽漢		C.用	易浴域譯 R.驛役翼

宜蘭頭城台語同音字表

韻	ia			ia?
調	陰平 55 > 33	陰上 51 > 55	陰去 11 > 51	陰入 31 > 51
p				弊 C.壁
pʰ				避僻 T.癖
b				
m				
t	爹			
tʰ				C.拆
n				
l				
ts	T.遮（這裏）	者姐	蔗 T.炙（麵~；麵輪仔）	隻 R.脊隻借藉 T.才再遮（~爾；這麼）
tsʰ	奢（~花）C.車吒			C.赤 T.刺
s	賒	寫	舍瀉赦 T.卸（~面子）	削 C.錫
dz	T.遮（~日）	惹若（般~）		T.跡
k	迦（釋~）		C.寄	
kʰ	奇（單數）T.寄（私~）			T.隙
g				
ŋ				
h	靴 T.稀囂（~俳）遐（那裏）			T.遐（~爾；那麼）
?	耶 T.埃（垺~）	野也椰（~子）	厭	

宜蘭頭城台語同音字表

韻	ia			iaʔ>ia
調	陽平 13 > 33		陽去 33 > 11	陽入 33 > 11
p				
pʰ				
b				
m				
t			躍	
tʰ				
n				
l			掠（扭~；一~）	
ts			C.謝 C.食	
tsʰ	斜			
s	佘邪 R.蛇（~郎君）		社射麝 R.謝 石（~榴）	
dz				
k			T.崎 C.屐	
kʰ	C.騎		T.徛	
g	C.蜈 T.夯、攑（~手）椰*（~子）		額	
ŋ				
h	T.遐（那兒）		C.瓦蟻額	
ʔ	爺		也夜 T.掖（撒） C.驛役 T.蝶（~仔）	

說明：發音人黃正來講「椰子」gia₃₃ tsi⁵¹

宜蘭頭城台語同音字表

韻	iau			iauʔ
調	陰平 55 > 33	陰上 51 > 55	陰去 11> 51；11>55	陰入 31 > 51
p	標（目~）	婊 R.表		
pʰ	標（目~）漂飄（~撇）			
b		藐渺杳（苟~）		
m				
t	雕刁調（協~）		吊弔 R.釣	
tʰ	R.挑 T.刁（~工）		跳	
n				
l		了		
ts	昭招	C.鳥	R.照	
tsʰ	超 T.搜（~身軀）		R.笑	
s	蕭簫消銷逍宵	R.小 T.痟	少紹 R.笑 C.數	
dz		擾爪	T.抓（抓撓）；（抓*仔）	
k	嬌驕 S.轎（~車）	攪繳餃（水~）T.笅（跋~）	R.叫	
kʰ	T.曲（芋粿~）蹺（路~）	T.巧（聰明）	竅翹	
g				
ŋ				
h	梟（~雄）僥（~倖）蔌（表皮翻起）	曉		T.蔌（表皮翻起）
ʔ	妖邀要 T.枵（餓）夭（逃之~~）	夭（~壽）	要	

宜蘭頭城台語同音字表

韻	iau			iau?>iau
調	陽平 13 > 33		陽去 33 > 11	陽入 33 > 11
p				
pʰ	嫖			
b				
m			妙	
t	調朝條滌*裯（牢） R.潮 T.著		調掉	
tʰ	T.疣（青春痘）		C.柱	
n				
l	寮療遼聊鐐 T.躎 （~溪）條撩（~仔間）		料廖	
ts	T.禣（均勻）			
tsʰ	T.撨憔（~悴）			
s	T.痟		紹（~興酒）	
dz	T.皺			
k	僑喬 R.橋（~牌）		T.譙撬	
kʰ				
g	堯			
ŋ				
h	T.嬲嬈			
?	瑤姚謠遙（~遠）T. 搖		耀	

說明：滌，《康熙字典》 集韻 徒弔音調，亦養牲室也。教育部台灣閩南語常用辭典用
　　「牢」。

宜蘭頭城台語同音字表

韻	iã			iã?
調	陰平 55 > 33	陰上 51 > 55	陰去 11> 51；11>55*	陰入 31> 51
p	T.抨	C.丙餅	拼 T.摒（~糞帚）	
pʰ	T.骿（加脊~） T.抨	T.鉼（亞鉛~）片		
b				
m				
t		C.鼎頂（回嘴）		
tʰ	C.聽廳		T.疼	
n		C.嶺領		
l				
ts	正 C.精	T.洘（淡）	C.正（正*月）	
tsʰ		C.請（~客），且	T.倩（僱用）	
s	C.聲		C.聖（神很靈驗；人很臭屁）	
dz				
k	C.驚京	团	C.鏡（鏡*仔）	
kʰ				
g				
ŋ				
h	C.兄			T.掀（~衫）
ʔ		C.影 C.顯（~目）	T.燿（光~~）	

宜蘭頭城台語同音字表

韻	iã			iãʔ>iã
調	陽平 13 > 33		陽去 33 > 11	陽入 33 > 11
p				
p^h	C.坪			
b				
m	C.明名		C.命	
t	埕		C.定	
t^h	C.程			
n	C.娘		T.爾（~~）陵（牛~）	
l				
ts	C.成情（親~）誠			
ts^h				
s	C.城 T.啞（引誘）		T.檻	
dz				
k	C.行		C.件健（勇~）	
k^h				
g				
ŋ				
h	C.燃		C.艾	
ʔ	C.贏營		T.焱（赤~~）	

宜蘭頭城台語同音字表

韻	iāu			iāuʔ
調	陰平 55 > 33	陰上 51 > 55	陰去 11 > 51	陰入 31 > 51
p				
pʰ				
b				
m	喵（貓叫聲）			
t				
tʰ				
n	S.貓	R.鳥		
l				
ts				
tsʰ				
s				
dz		爪	T.抓	
k				
kʰ				
g				
ŋ	T.擽	撓（~耳屎）	蟯（~越）	
h				
ʔ	T.嘄（逗弄小孩聲）			

宜蘭頭城台語同音字表

韻	iāu			iāuʔ> iāu
調	陽平 13 > 33		陽去 33 > 11	陽入 33 > 11
p				
pʰ				
b				
m	苗		妙	
t				
tʰ				
n				
l				
ts				
tsʰ				
s				
dz				
k				
kʰ				
g				
ŋ				蟯（～䠗）
h				
ʔ				

宜蘭頭城台語同音字表

韻	iam			iap
調	陰平 55 > 33	陰上 51 > 55	陰去 11> 51；11>55*	陰入 31 > 55
p				
pʰ				
b				
m				
t	砧 T.砧（刺痛）	點	店（店*仔）T.跕	
tʰ	R.添	忝		帖
n				
l	T.拈躡		T.捻	攝（~影）捏
ts	針詹尖 T.秥		佔	汁 R.接
tsʰ	簽籤纖	T.鐵（米~）攙（~擔）		
s		閃	滲	澀 T.卌
dz		R.染		
k	兼	減檢（~查）	劍	俠劫峽
kʰ	謙歉（抱~）		欠	
g				挾鋏（頭毛~仔）
ŋ				
h	T.薟	險	喊	
ʔ	閹芫（~荽）			T.揜（藏、掩）

宜蘭頭城台語同音字表

韻	iam			iap
調	陽平 13 > 33		陽去 33 > 11	陽入 33 > 11
p				
pʰ				
b				
m				
t	C.沉		T.恬（靜）	R.蝶碟 T.揲
tʰ			塡（~海）	R.疊
n				
l	黏廉簾 R.鐮簷連 鯰剌臁 c.嗹（不~；囉嗹）		念殮唸	粒湊
ts			暫漸	捷
tsʰ				
s	襌 C.尋（一~；長度量詞）			洩（~漏）涉（干~）
dz				
k	C.鹹 S.鹽（~水）			
kʰ			儉	
g	嚴閻岩		驗鯰	業
ŋ				
h	嫌（棄~）			脅協
ʔ	鹽涵（~空）		炎	葉

宜蘭頭城台語同音字表

韻	ian			iat
調	陰平 55 > 33	陰上 51 > 55	陰去 11 > 51	陰入 31 > 55
p	R.邊編鞭	匾褊 R.扁（~食）	鬢 C.變	R.鷩
pʰ	R.篇偏		騙 R.片	撇（~步） T.撆
b		免勉鯾（~魚）		
m				
t	顛癲	展典		
tʰ	R.天	T.捵（~開）		徹哲
n				
l	T.蔫（枯謝） 槤（搵刀~）	T.蓮（~霧）輦（輪子）撞	T.輾（~轉）	
ts	R.煎	剪	薦戰	R.節折
tsʰ	遷 R.千	淺		切
s	仙 R.先 T.銑鮮	癬 T.仙（一~）	R.扇線 T.搧	設 R.雪
dz				
k	堅娟捐		建見	吉潔 R.結
kʰ	鏵（門~）擎（擲擊）	犬遣	譴 T.芡（~芳）	
g		R.研（~究）	T.癮（~頭，~薰）	
ŋ				
h	掀	R.顯	獻憲現（~身）T.壇	穴 R.血 T.抾（丟）
ʔ	鶼胭煙菸姻	演 T.偃（~倒；扳倒）	燕宴硯厭（~惡）	

宜蘭頭城台語同音字表

韻	ian			iat
調	陽平 13 > 33		陽去 33 > 11	陽入 33 > 11
p			便辨辯	R.別
pʰ				T.撇（擺動）
b			R.面（~會）	滅
m				
t	R.田			
tʰ				
n				
l	槤（榴~）鰱憐聯 R.年蓮連 T.腪（肝~）		練鍊	列烈 R.裂（破~）
ts	R.前錢		賤 T.踐	R.捷絕
tsʰ	C.延			
s	禪蟬		善鱔羨 T.蟮	
dz	然			R.熱
k			R.健 T.胘	
kʰ	乾			坷（坎坎~~）
g	R.言		T.殗（~~；無氣無力）	孽（~子）虐（自作~）
ŋ				
h	玄絃賢 R.懸		現	
ʔ	緣鉛 R.沿延		R.院	T.搤（~風）

宜蘭頭城台語同音字表

韻	io			io?
調	陰平 55＞33	陰上 51＞55	陰去 11＞51；11＞55*	陰入 31＞51
p	鏢 C.標	C.表錶		
pʰ			漂（～白粉）C.票	
b		秒		
m				
t			C.釣（魚釣*仔）瘹（白～；白斑皮膚病）	T.擢（輕拉一下）
tʰ	C.挑		C.糶（～米）	
n				
l	撩（將水表層東西標取出）	瞭（～一咧；用眼睛瞄一下）		
ts	椒 C.招蕉	C.少	醮 C.照	C.借 T.襀（棉～被）
tsʰ	T.鵤（發情）俏（穿著好）		C.笑	C.尺
s	C.燒相	C.小		C.惜
dz				
k			C.叫	C.腳（～數）
kʰ				T.抾
g				
ŋ				
h				
ʔ	么 C.腰 T.育邀			T.臆挹（～墓粿）

宜蘭頭城台語同音字表

韻	io			io ʔ > io
調	陽平 13 > 33		陽去 33 > 11	陽入 33 > 11
p			鰾	
pʰ	薸（浮萍）			
b	C.描		C.廟	
m				
t	C.潮（~州）T.趒（雀雀~）		C.趙	T.著（對）
tʰ				
n				
l	T.剺（用刀將表層割離出）			
ts				C.石
tsʰ			T.照	蓆
s				T.液（手~）
dz			C.尿	
k	茄 C.橋		C.轎 T.蕎（蕗~）	
kʰ				
g	T.蕘（薁~）蟯（~仔）			
ŋ				
h				T.箬葉鴞（鵁~）
ʔ	窯 C.搖			C.藥

宜蘭頭城台語同音字表

韻	iɔŋ			iɔk
調	陰平 55 > 33	陰上 51 > 55	陰去 11 > 51	陰入 31 > 55
p				
pʰ				
b				
m				
t	忠 R.中	長（~老）	R.中（一必一~）	築 R.竹逐
tʰ		塚 R.寵	暢	R.畜（六~興旺）
n				
l		輛	T.躘	
ts	將彰（~化）漳（~州）R.章鍾綜 R.鐘 S.障（故~）	R.種掌（鼓~）獎（褒~）	R.眾將障（白內~）	祝足爵酌（斟~）R.燭（洞房花~夜）
tsʰ	充衝沖昌		倡（提~）	雀（孔~）觸
s	商 R.傷	R.賞償想（思~）	R.像相（翕~）	淑續
dz		嚷（相~）壤（塗~）		
k	芎（九~仔）恭 R.供宮穹姜疆僵殭（~屍）			R.菊
kʰ		恐（~嚇）		R.曲
g				
ŋ				
h	凶沟香	享	R.向（方~）	
ʔ	殃殃 R.央秧	勇 R.養仰（久~大名）		約

註：頭城老年層原來沒有-iɔŋ（k）韻，近三~四十年才開始有。

宜蘭頭城台語同音字表

韻	iɔŋ			iɔk
調	陽平 13 > 33		陽去 33 > 11	陽入 33 > 11
p				
pʰ				
b				
m				
t	長（蕭萬~）R.重		R.重仲丈(~夫)仗(對~)	
tʰ	R.蟲			
n				
l	良龍 R.梁		諒亮（諸葛~）R.量（肚~）	略（戰~）陸 R.六
ts			R.狀（~元）	
tsʰ			T.穿	T.涎
s	祥（吉~）常（失~）R.松		R.誦上	俗續贖屬
dz	絨茸榕蓉（芙~）			肉辱搙
k	強 R.窮		R.共	R.劇局
kʰ				
g				R.玉
ŋ				
h	R.雄			
ʔ	揚陽 R.雄融 T.央		R.用	育

宜蘭頭城台語同音字表

韻	u			uʔ
調	陰平 55 > 33	陰上 51 > 55	陰去 11 > 51；11>55*	陰入 31 > 51 31>55
p	T.挵（大~翁；大拇指）	C.斧（~頭仔）	C.富	
pʰ		T.殕		
b		武侮舞		
m				
t	C.蛛	T.拄	C.注（落~）	渚（腹肚~~）
tʰ				T.黜（~臭）禿（~額）
n				
l	T.攄（推）	愈	T. 鑢（鑢*仔）	
ts	朱資滋（~味）諸 R.珠	R.主子注（~意）	R.注蛀	泏
tsʰ	T.趨（斜）舒（鋪被子）		厝（樓梯厝*仔）趣次 R.處	T.覷眵（~目）
s	輸師 R.書私司思 T.軀（洗薰~）	R.史使駛死（見~不救）	賜肆思（意~）R.四似 T.舒（~適）	T.斯（一~仔）
dz		T.愈		
k	C.龜 T.痀呴跔	C.久韭	句（一句*仔話）	
kʰ	丘邱坵拘（~束）區軀俱（~樂部）			
g				
ŋ				
h	膚虎（馬馬~~） R.夫麩 T.拊（撫）烌（燼）	府 R.脯腐	付賦咐附副赴訃（~音；訃聞）R.富	
ʔ	污 T.趺（骹頭~）	羽（項~）宇	T.焐（~著）	T.吁（拍~仔）

宜蘭頭城台語同音字表

韻	u			uʔ>u
調	陽平 13 > 33		陽去 33 > 11	陽入 33 > 11
p	瓠(~仔) T.炰垺(一~屎)		C.婦 T.孵(~卵)伏(~膿)	
pʰ	C.浮芙(~蓉) T.烌		T.哱(~水)	
b	R.無		務霧 T.霧(~水) ※遇(待~)	
m				
t	櫥		T.駐(~死；被水嗆死)	T.揬(刺入)
tʰ				
n				
l				
ts	雌		自住駐 T.苴	
tsʰ				
s	嗣(後~) 殊(特~) 詞祠(~堂)		士事	
dz	如瑜		裕喻	
k			C.舊舅	
kʰ	T.跍		具 C.臼	
g	C.牛			
ŋ				
h	符		負輔(~導)R.父婦傅 C.腐	
ʔ			C.有	

宜蘭頭城台語同音字表

韻	ui			ui?
調	陰平 55 > 33	陰上 51 > 55	陰去 11>51；11>55*	陰入 31 > 51
p			C.痱	
pʰ			C.屁 T.呸	
b	T.微（沙~）蠍（胡~仔）			
m				
t	堆追		對（~象）	
tʰ	梯 C.推	腿		
n				
l		蕊壘（~球）累（負債~~）	T.瘰（胡~~）	
ts	錐椎	C.水	醉	
tsʰ	崔催摧		翠碎喙（嘴）R.脆	
s	簑雖 T.綏（龜~）	R.水 T.婿		
dz				
k	奎規歸閨脽	鬼 C.幾	貴桂（桂*竹仔筍）瑰季癸	
kʰ	虧 C.開		C.氣	
g				
ŋ				
h	非妃揮輝 R.飛痱啡（瑪~）	匪（土~）毀	費（~用）廢（殘~）	
ʔ	威 C.衣 T.摀（針刺）	委偉	畏慰 T.飫	

宜蘭頭城台語同音字表

韻	ui			ui?
調	陽平 13 > 33		陽去 33 > 11	陽入 33 > 11
p	C.肥		C.吠	
pʰ				
b				
m				
t	搥		墜隊	
tʰ	鎚		墜（鉛~）	
n				
l	雷擂		累類彙	
ts	T.剗（~豬頭）			
tsʰ				
s	隨垂		邃瑞穗祟（鬼鬼~~）	
dz				
k	T.懷（~錢）		跪櫃饋匱	
kʰ				
g	遺 R.危			
ŋ				
h	C.危 T.肥		惠慧	
ʔ	圍爲違 S.危		爲位胃魏	

宜蘭頭城台語同音字表

韻	uĩ			uĩʔ
調	陰平 55>33	陰上 51>55	陰去 11>51；11>55*	陰入 31>51
p	C.方楓			
pʰ				
b				
m		每		
t		C.轉	C.頓	
tʰ				
n		C.軟	T.𡚸	
l				
ts	C.磚		C.鑽（鑽*仔）	
tsʰ	C.穿 T.川（尻~）			
s	荽（芫~：香菜）C.酸	C.損	C.算	
dz				
k	C.光	C.捲管	C.卷貫	
kʰ			C.勸 T.快（~活）	
g				
ŋ				
h	C.荒昏方（藥~）			
ʔ	T.抉掩			

宜蘭頭城台語同音字表

韻	uĩ			uĩʔ
調	陽平 13 > 33		陽去 33 > 11	陽入 33 > 11
p			飯	
pʰ				
b				
m	C.門		C.問	
t			C.斷	
tʰ	C.傳		T.煅燵	
n			C.卵	
l				
ts	C.全		旋（髮旋）吮	
tsʰ				
s				
dz				
k				
kʰ				
g				
ŋ				
h	C.園		C.遠	
ʔ	C.黃			

宜蘭頭城台語同音字表

韻	un			ut
調	陰平 55 > 33	陰上 51 > 55	陰去 11>51；11>55*	陰入 31 > 51
p	C.分	R.本	C.糞	不 T.抔
pʰ	C.潘	T.豶（用嘴翻弄）	噴（~射機）	T.刜怖
b			T.鼢（~地鼠）濆（~水）	T.魩屄
m				
t	鈍敦	囤盾	遁	
tʰ	吞鵪	T.踳		
n				
l	T.圇（拉~仔燒）	T.忍（吞~）硱憌（加~恂）		T.甪（~毛）
ts	尊遵鱒	準准撙（~節）	震俊圳 T.顫繀（牛~棕）	卒
tsʰ	伸春村 T.偆賰		寸	出齣
s	孫	榫筍 R.損 T.恂（青~）		戍 T.捽屑
dz				
k	君	滾 T.頸（頷~）攇沖	棍*（~仔）	骨
kʰ	昆崑坤	墾懇捆菌	睏困	窟屈倔堀
g				
ŋ				
h	薰芬婚 R.分昏 T.身（洗~軀）	粉	訓奮	忽彿 T.囫
ʔ	溫恩 T.蝹（~落去；癱軟下去）塭（魚~）	穩 T.熅（~芎蕉）	塭 T.搵	熨鬱

宜蘭頭城台語同音字表

韻	un			ut
調	陽平 13 > 33		陽去 33 > 11	陽入 33 > 11
p	T.歕		T.笨畚	
p^h	坌			
b	文（~~仔笑）紋聞 R.門		悶 T.燜	T.抆R.物
m				
t	屯脣		墩遁鈍	突（衝~）脫（~瞽）
t^h	豚 T.黗		T.坉（~塗）	
n				
l	輪倫崙 T.腀（伸~）蜦（牛~；大蚯蚓）		論崙閏韌潤韌	律率
ts	存 C.船		陣 T.捘（扭轉）鏇（粉~）	秫倅（鬱~）
ts^h			忖（~辦；準備想要……）	
s	巡旬純殉循（~環）		順舜	術（~仔：小癟三）T.哨（呼~仔）屑（鋸~烌）
dz				
k	裙羣 C.拳 T. 焄		郡	掘滑
k^h				T.窟（孤~）
g				
ŋ				
h	雲痕魂		分份暈 R.恨	R.佛核
ʔ	匀		韻運	

宜蘭頭城台語同音字表

韻	ua			ua?
調	陰平 55 > 33	陰上 51 > 55	陰去 11> 51；11>55*	陰入 31> 51　31>55*
p				簸鉢 C.撥
pʰ			剖 C.破	C.潑發¹（~病）
b				抹
m				
t			帶（帶*仔）T.踤（住）	
tʰ	C.拖		汰²（~枋；洗衣板）	雁*（~仔）獺 T.挩
n				
l				T.捋（~鹽）
ts		C.紙		T.泏（濺灑）
tsʰ			C.蔡	T.礤泄（~屎）掣
s	鯊痧 C.沙砂	徙	續	煞
dz				
k	R.瓜柯歌 C.枯	寡	卦掛 C.蓋 （蓋*仔）芥過	割 T.刈（批貨）
kʰ	誇（~口）	C.可（小~仔）		闊
g				
ŋ				
h	R.花 T.化（熄）		化	耆 C.喝
ʔ		R.瓦（~上霜）C.倚		

註：1.《康典》發《康典》撥——北末切音鉢，又普活切音潑芟草也與發同。因此，發應亦可讀潑！

2.《康典》汰，〈說文〉淅㵗也〈玉篇〉洗也。通汏。汏，他蓋切音泰；閩南地名長泰音 [tio₃₃ tʰua₁₁]，故，「泰」又可音 [tʰua₁₁]。捨汰取汏，以分「淘汰」和「清洗」之義。「汏枋」音 [tʰua₅₁ pan₅₅]，洗衣板。

宜蘭頭城台語同音字表

韻	ua			uaʔ>ua
調	陽平 13 > 33		陽去 33 > 11	陽入 33 > 11
p				鈸 T.跋
pʰ				T.袚（~鍊）
b	C.磨			茉 C.末
m				
t			T.大（~家仔、大官仔）	
tʰ			T.汏汏	
n				
l	C.籮（米~）		C.賴	T.捋
ts	C.蛇		T.誓詛逝	T.蛇（虼~）縒（無較~）
tsʰ			T.娶禾（帶）疶（~尿）	T.斜
s				
dz				C.熱
k			呱（衝～）	
kʰ				
g			外 T.偌	
ŋ				
h	華		T.嘩（嘻嘻～）	T.跨伐
ʔ	C.何 T.哇（語氣詞）		R.畫	C.活

宜蘭頭城台語同音字表

韻	uai			uai?
調	陰平 55 > 33	陰上 51 > 55	陰去 11> 51	陰入 31 > 55
p				
pʰ				
b				□（"無愛"的合音）
m				
t				
tʰ				
n				
l				
ts				
tsʰ				
s				
dz				
k	乖	枴拐	R.怪	
kʰ			快	
g				
ŋ				
h				
ʔ	歪			

宜蘭頭城台語同音字表

韻	uai			uai?>uai
調	陽平 13 > 33		陽去 33 > 11	陽入 33 > 11
p				
pʰ				
b				
m				
t				
tʰ				
n				
l				
ts				
tsʰ				
s				
dz				
k				
kʰ				
g				
ŋ				
h	懷槐淮			
ʔ				

宜蘭頭城台語同音字表

韻	uã			uã?
調	陰平 55 > 33	陰上 51 > 55	陰去 11> 51；11>55*	陰入 31 > 51
p	C.般搬		C.半	
pʰ	C.潘		C.判（裁~）	
b				
m	T.幔	C.滿（~月）		
t	C.單		C.旦	
tʰ	C.攤	T.剗（~草）	C.炭 T.湠	
n		T.搌	T.躽	
l				
ts	C.煎	怎	T.炸（~油）	
tsʰ	T.扦（指甲~）		閂*（門~仔）	
s	C.山		傘*（細支~仔）汕線 C.散	
dz				
k	菅 C.竿肝干乾官棺	趕寡（守~）		
kʰ	C.寬	C.款	C.看	
g				
ŋ				
h	C.歡			
ʔ	C.鞍 T.垵（~米仔；魚名）	C.碗	C.晏	

宜蘭頭城台語同音字表

韻	uã			uã?>uã
調	陽平 13 > 33		陽去 33 > 11	陽入 33 > 11
p	C.盤		T.拌（~塗粉）	
pʰ			C.伴	
b				
m	鰻瞞 C.麻痲		T.蔓（濫~；想惹事生非）	
t	C.彈檀壇		憚癉 C.段彈	
tʰ				
n			C.爛懶 T.瀾㵸	
l				
ts	C.泉		T.濺	
tsʰ				
s				
dz				
k	C.寒		C.汗 T.掼、摜（~水）	
kʰ				
g				
ŋ				
h			C.岸 T.扦（~家）	
ʔ			C.換旱	

宜蘭頭城台語同音字表

韻	uãi			uãiʔ
調	陰平 55 > 33	陰上 51 > 55	陰去 11 > 51	陰入 31 > 51
p				
pʰ				
b				
m				
t				
tʰ				
n				
l				
ts				
tsʰ				
s				
dz				
k	C.關杆（桌~）	T.稈（芋~）		
kʰ			T.噲（鐃鈸聲）	
g				
ŋ				
h				
ʔ		T.跮		

宜蘭頭城台語同音字表

韻	uãi			uãiʔ
調	陽平 13＞33		陽去 33＞11	陽入 33＞11
p				
pʰ				
b				
m	C.糜媒			
t				
tʰ				
n				
l				
ts			T.跩（~著；扭到）	
tsʰ				
s			T.樣（芒果）	
dz				
k	脞（肚~仔）		T.拐（~著；扭到）	
kʰ				
g				
ŋ				
h	C.橫（坦~）T.莖（芋~）			
ʔ	T.歪（牛角~）			

宜蘭頭城台語同音字表

韻	uan			uat
調	陰平 55 > 33	陰上 51 > 55	陰去 11> 51；11>55*	陰入 31 > 51
p			R.半（~仙）	
pʰ			R.判	R.潑
b		晚 R.滿（圓~）		
m				
t	端	R.短		
tʰ				脫
n				
l		暖 R.卵軟 T.奜		
ts	專	R.轉賺		
tsʰ	釧 R.川	喘	篡	
s	宣珊（~瑚） R.酸 T. 旋（~藤）；（溜跑）	選	蒜*（~仔）R.算	R.雪說 T.鱈
dz				
k	涓觀鵑冠 R.官棺 關捐娟綸	館 R.管	灌*（風~仔）罐*（~仔）眷顴慣 R.貫券	決訣（秘~）T.摑
kʰ	R.寬圈（~套）	款	R.勸	R.缺
g		R.阮		
ŋ				
h	翻番吩 R.歡	反	販*（~仔）幻泛喚煥 R.換飯	法發髮
ʔ	彎鴛灣冤	R.遠腕	怨	

宜蘭頭城台語同音字表

韻	uan			uat
調	陽平 13 > 33		陽去 33 > 11	陽入 33 > 11
p				R.拔
pʰ	R.盤（~古）		R.伴	
b				R.末
m				
t			緞傳 R.斷段	奪
tʰ	R.傳			
n				
l	戀鑾		亂	
ts	R.全泉		T.撰	R.絕
tsʰ	T.僎			
s	旋 R.船		T.訕璇（~石）	
dz				
k	懸		縣	
kʰ	權環（圓~）			
g	元原源員（~林）		願	R.月
ŋ				
h	凡礬樊煩繁 R.環 還		范犯範患梵樊	罰乏 R.活
ʔ	灣丸完 R.圓員園			斡悅曰越

宜蘭頭城台語同音字表

韻	ue			ue?
調	陰平 55 > 33	陰上 51 > 55	陰去 11> 51；11>55*	陰入 31 > 51
p	杯 C.菠飛 T.桮	T.掰	輩背	
pʰ	T.胚（豬~仔）		貝佩配	
b		R.尾		
m				
t			T.綴（跟）	
tʰ			R.退	
n				
l				
ts				
tsʰ	C.炊吹	髓		
s	衰		稅 R.歲 T.濊（浼~；多餘）	C.說（解~）
dz				
k	街 C.瓜	粿 C.果 T.橇庋（~骸）	過 T.蕨鱖髻	C.郭 T.胳刮
kʰ	詼恢盔 T.葵瘸		C.課 T.架（~骸）	C.缺
g				
ŋ				
h	灰 C.花飛	悔伙 C.火	C.貨*（雜~仔）歲 T.伙*（老~仔）	C.血
ʔ	T.鍰枒	T.挖	T.穢（傳染）	

宜蘭頭城台語同音字表

韻	ue			ueʔ>ue
調	陽平 13 > 33		陽去 33 > 11	陽入 33 > 11
p	陪賠培		背倍焙狽	C.拔
pʰ	皮		被	
b	梅		C.未	C.襪
m				
t				
tʰ				
n				
l				
ts			R.罪	
tsʰ	箠		T.揣（找）	
s				
dz	T.挼			
k				
kʰ				
g			R.外（員~）	C.月
ŋ				
h	回迴洄 C.和（~尚） T.捼		匯 R.會	
ʔ			衛話畫薈（蘆~）	T.劃（畫一~）

宜蘭頭城台語同音字表

韻	uẽ			uẽʔ
調	陰平 55 > 33	陰上 51 > 55	陰去 11 > 51	陰入 31 > 51
p				
pʰ				
b				
m				
t				
tʰ				
n				
l				
ts				
tsʰ				
s				
dz				
k				
kʰ				
g				
ŋ				
h				
ʔ				

宜蘭頭城台語同音字表

韻	uẽ			uẽʔ>uẽ
調	陽平 13 > 33		陽去 33 > 11	陽入 33 > 11
p				
pʰ				
b				
m	糜媒梅		R.妹（小~）	
t				
tʰ				
n				
l				
ts				
tsʰ				
s				
dz				
k				
kʰ				
g				
ŋ				
h				
ʔ				

宜蘭頭城台語同音字表

韻	m̩			m̩ʔ
調	陰平 55 > 33	陰上 51 > 55	陰去 11> 51	陰入 31 > 51
p				
pʰ				
b				
m				
t				
tʰ				
n				
l				
ts				
tsʰ				
s				
dz				
k				
kʰ				
g				
ŋ				
h				T.摁（用工具打人）
ʔ		T.姆		

宜蘭頭城台語同音字表

韻	m̩			m̩ʔ
調	陽平 13 > 33		陽去 33 > 11	陽入 33 > 11
p				
pʰ				
b				
m				
t				
tʰ				
n				
l				
ts				
tsʰ				
s				
dz				
k				
kʰ				
g				
ŋ				
h	C.茅			T.噷
ʔ	T.莓		T.毋	

宜蘭頭城台語同音字表

韻	ŋ̍			ŋ̍ʔ
調	陰平 55 > 33	陰上 51 > 55	陰去 11 > 51	陰入 31 > 51
p		C.榜		
pʰ				T.呼（～叫）
b				
m				
t	C.張當		C.當（～店）	
tʰ	C.湯		燙	
n				
l				
ts	C.莊裝妝庄			
tsʰ	C.瘡倉			
s	C.桑霜	耍		□（～叫；疾風聲）
dz				
k	扛缸		C.鋼	
kʰ	C.糠康（姓）		C.囥	
g				
ŋ				
h				哼（冷笑聲）
ʔ	C.央秧			T.嬰（～屎）

宜蘭頭城台語同音字表

韻	ŋ̍			ŋ̍ʔ>ŋ̍
調	陽平 13>33		陽平 13>33	陽入 33>11
p			T.傍（~汝个福氣）	
pʰ				
b				
m				
t	C.堂長腸		盪搪（~著）C.丈	
tʰ	糖			
n	C.榔瓠郎（牛~星）		C.兩	
l				
ts				
tsʰ	C.床		狀	
s	C.床（籠~）			
dz				
k				
kʰ				
g				
ŋ				
h				
ʔ				T.嘤（呼大便聲）